Ewige Edition™

Laotse ist ein Ehrentitel, der sinngemäß „Der alte Meister" heißt. Leider liegen hinsichtlich des Autors und der Autorenschaft nur Legenden sowie Erwähnungen durch spätere Geschichtsschreiber und fiktive Gespräche vor. Weiteres dazu ist im Abschnitt „Über dieses Buch" nachzulesen.

Enno von Denffer ist ein deutscher Journalist und Medienexperte. Er hat u. a. bei Theodor W. Adorno sowie Jürgen Habermas in Frankfurt am Main studiert und war Mitarbeiter am Institut von Thomas Luckmann. In Gießen war er Wissenschaftlicher Mitarbeiter und Lehrbeauftragter der Justus-Liebig-Universität sowie verantwortlicher Redakteur eines Periodikums. 1985 ging er als Zentralredakteur zu dpa/VWD in Eschborn und kehrte in den 90er Jahren nach Gießen zurück, wo er Medienexperte des Staatlichen Schulamtes war. 2014 gründete er die „Ewige Edition", um u. a. vergessene Bücher „jetzt für die Ewigkeit" als On-Demand- und eBook-Titel herauszugeben.

Barbara Wolf schreibt zu ihrer künstlerischen Arbeit: „Schon seit Jahren bin ich dankbar, dass ich vorwiegend das tun kann, was mich in Freude kreativ sein lässt. Und so spaziere ich mit Hand und Pinsel durch die Welt der Farben und lasse Formen daraus entstehen. Mich mit dem Bild auf Worte zu beziehen, ist neu und lässt andere Sinne bei mir aufblitzen. Und so finden sich nun meine bewusst unbewussten Sinn-Bilder in einer Textur von uraltem fernöstlichen Gedankengut - in der Hoffnung, dass sie die feinsinnige Wortkultur des vorliegenden Werkes in einer Weise 'untermalen', dass man beim Lesen eine innere Weite auch mitten im Alltag erfahren kann."

Richard Wilhelm (1873–1930) ging 1899 als protestantischer Missionar nach China. Er übersetzte konfuzianische und daoistische Klassiker ins Deutsche, wurde 1924 als inzwischen weithin bekannter Sinologe nach Frankfurt am Main als Professor für Sinologie berufen und gründete das China-Institut. Wilhelm hat mit seinen Übersetzungen vielen Menschen in Deutschland die chinesische Kultur und Philosophie nähergebracht.

Reimer Gronemeyer ist ein deutscher Theologe und Soziologe. Ein wesentlicher Schwerpunkt seiner Arbeit liegt im Bereich der Ethik sowie drängender Fragen heutiger Gesellschaften. Der Autor und Herausgeber zahlreicher Fach- und Sachbücher ist Professor für Soziologie an der Justus-Liebig-Universität Gießen und deren Ehrensenator.

LAOTSE (LAOZI)

RICHARD WILHELM • ENNO V. DENFFER (HRSG.)

Tao Te King

Das unsterbliche Buch vom ewigen Geist

Die zeitlosen Weisheiten von Laotse
in heutigem Deutsch und einer historischen Übertragung
Vorwort von Prof. Dr. Reimer Gronemeyer

Mit Bildern von Barbara Wolf

Ewige Edition™

Für Hui Ling

© 2022

Enno von Denffer

- Übertragung und Herausgabe -

12x19 6.74.EK.25.9.24

Ewige Edition™

ISBN: 978-3-7597-5851-4

Verlag:

BoD • Books on Demand GmbH, In de Tarpen 42, 22848 Norderstedt

Druck:

Libri Plureos GmbH, Friedensallee 273, 22763 Hamburg

Die Hochkantbilder und quadratischen Miniaturen im Buch entstammen Werken der Künstlerin Barbara Wolf, die durch das Tao Te King inspiriert wurden. Das Bild auf dem Umschlag wurde zusammen mit anderen Bildern zur Entwicklung unseres Universums von der "National Aeronautics and Space Administration" freigegeben.

Diese Ausgabe ist inhaltlich weitgehend identisch mit dem nur bei Amazon erhältlichen Buch "Tao Te King – Das mystische Buch vom ewigen Geist". Eine weitgehende Übereinstimmung (ohne den Beitrag Richard Wilhelms) besteht auch mit der großformatigen farbigen Kunstdruckausgabe "Das Buch vom ewigen Geist" sowie mit der besonders kleinen Ausgabe im Vademecum-Format "Die Weisheit des Tao Te King".

Die Deutsche Nationalbibliothek verzeichnet diese Publikation in der Deutschen Nationalbibliografie; detaillierte bibliografische Daten sind über dnb.de abrufbar.

Inhalt

Editorische Notiz

Die Anfertigung speziell dieser Übertragung des Tao Te King war nur auf dem fruchtbaren Boden der Arbeiten einer beträchtlichen Anzahl von Übersetzern und Autoren, insbesondere aber des großen Richard Wilhelm, denkbar und möglich. Seit meiner Jugend hat mich das Tao Te King namentlich in der Übertragung durch Richard Wilhelm auf zunächst unerklärliche Weise angezogen und fasziniert. Heute kann ich sehen, dass dies an der ganz eigenen Art der Umsetzung dieses großartigen Werkes durch Richard Wilhelm und seiner besonderen Anmutung für den Leser gelegen hat, in der m. E. eine Kongenialität zur Wirkmacht des ursprünglichen Werkes zu sehen ist. Dennoch traf ich neben zahllosen ganz wunderbaren Passagen immer wieder auch auf Stellen, die mich in inhaltlicher, logischer, grammatischer oder sonstiger Hinsicht stark irritierten. Als ich später dann nach einem ereignisreichen Leben in den Ruhestand ging und genügend Zeit zur Verfügung hatte, beschloss ich, meiner Irritation auf den Grund zu gehen und diese Stellen unter Hinzuziehung des chinesischen Originals, zahlreicher anderer Übertragungen und weiterer Hilfsmittel einer Revision zu unterziehen. Aus diesem Vorhaben wurde letztlich eine Arbeit über viele Jahre, die den gesamten Text einer gründlichen Revision unterzog und, wie ich hoffe, dennoch den Wilhelmschen Ansatz bewahren konnte. So stützt sich denn die Neufassung in diesem Buch u. a. auf die unzählige englische, französische und deutsche Übertragungen enthaltende Sammlung zu Laotses Tao Te King im „Internet Archive", auf das in Wikisource enthaltene „Daodejing (Wang Bi)", auf eine chinesische Textgrundlage mit zusätzlichen Übersetzungen ins Englische von Imios Archangelis et al. vom „Tao Science Institute" in Colorado, auf die „Tao-Te-King.org" von Hilmar Alquiros, auf Victor Kalinkes Lexikon sämtlicher im Text enthaltener Schriftzeichen mit Konkordanz sowie auf umfassende eigene Untersuchungen mystischer Traditionen und den Austausch mit einer Chinesin. Auch verwendete ich Literatur, die mir in gedruckter Form oder als E-Book zur Verfügung stand (vgl. Literaturverzeichnis). Wesentlicher Aspekt war die kritisch vergleichende Würdigung der Übertragungen, Kommentare und Interpretationen zahlreicher Autoren, wobei Richard Wilhelm letztlich mit einigem Vorsprung mein Vorbild blieb, da er m. E. mit seinem speziellen Ansatz die Schönheit und Kraft des Textes immer wieder am besten zur Geltung brachte. Ich habe mir erlaubt, an Stellen, wo etwas einfach nicht besser gesagt werden konnte, auch ganze Wortlaute zu übernehmen bzw. stehen zu lassen. Eine der ohne Frage auch historisch sehr wertvollen Übertragungen des Tao Te King durch Richard Wilhelm habe ich, typografisch vereinfacht, ergänzend und zum Vergleich in diesen Band mit aufgenommen (ab S. 111). E.v.D.

Literatur (alphabetisch):

Imios Archangelis et al.: Dao De Jing by Lao Zi, Estes Park 2014
Rudolf Backofen: Tao Te King, Engelberg/CH u. München 1970
Matthias Claus: Laotse und das Tao Te King, Weinheim 2006
Hertha Federmann: Laotse / Tao Teh King, München 1920
Gia-fu Feng, Jane English: Tao Te Ching / Lao Tsu, New York 1972
Lutz Geldsetzer: Dao De Jing, Düsseldorf 2000
Ansgar Gerstner: Eine Synopse und kommentierte Übersetzung des
Buches Laozi, Dissertation, Universität Trier 2001
Stanislas Julien: Lao Tseu / Le Livre de la Voie et de la Vertu, Paris 1842
Victor Kalinke: Studien zu Laozi / Daodejing, 3 Bde., Leipzig 2000
Bodo Kirchner: Tao Te King, Salzburg 2000
Hans Knospe, Odette Brändli: Lao Tse / Tao-Te-King, Zürich 1985
Wolfgang Kubin: Lao Zi / Der Urtext, Freiburg 2011
James Legge: Tao Te Ching by Lao Tsu, Oxford 1891
Derek Lin: Tao Te Ching, Woodstock (Vermont) 2006
Hans-Georg Möller: Laozi, Meister der Spiritualität, Freiburg 2003
Reinhold von Plaenckner: Lao-Tse / Tao-Te-King, Leipzig 1870
Erwin Rousselle: Führung und Kraft aus der Ewigkeit, Ffm 1946
Karl-Otto Schmidt: Lao-Tse / Tao Teh King, Hammelburg 1996
Ernst Schwarz: Laudse / Daudedsching, Stuttgart 1980
Rainold Simon: Laozi / Daodejing, Chin./Deutsch, Stuttgart 2009
Victor von Strauss: Lao-Tse's Tao Te King, Leipzig 1870
A. Ular: Die Bahn und der rechte Weg des Lao-Tse, Leipzig 1923
Jan Ulenbrook: Tao Te King, Frankfurt/Main 1980
Richard Wilhelm: Laotse / Tao Te King: Das Buch vom Sinn und Leben,
Jena 1911 u. 1919 sowie weitere, inhaltlich teils verschiedene Ausgaben
R. L. Wing, P. Kobbe: Der Weg und die Kraft, München 1986
Wikisource: Daodejing (Wang Bi), abgerufen ab 30.01.2016 unter
https://de.wikisource.org/wiki/Daodejing_(Wang_Bi)
Taro Yamada, Guido Keller: Tao Te King / Laotse, Ffm 2014
Lin Yutang: Die Weisheit des Lao Tse, Frankfurt/Main 1955

Über Laotse und dieses Buch

„Der Name, der genannt werden kann, ist nicht der ewige Name." Diese Worte stehen gleich am Anfang der Aphorismen von Laotse. Unter einer erstaunlich weitverbreiteten Nonchalance gegenüber dieser Aussage leiden viele ansonsten beachtliche Übersetzungen und Interpretationen des Werkes auch in deutscher Sprache. Für die vorliegende Ausgabe wurde angesichts der Tatsache, dass in China das Wort „Tao" (= „Dao") in abstrakten Zusammenhängen wie diesem nicht als Name, sondern als Hyperonym fungiert, das Inhalte wie „Geistiges Prinzip", „Art und Weise", „Denken", „Lehre", „Konzept", „Sinn", „Vernunft" u.a.m. abdeckt, mit dem deutschen Hyperonym „Geist" die optimal angemessene Lösung gewählt, die auch der Tatsache Rechnung trägt, dass keineswegs nur da, wo das Zeichen „Tao" steht, ein und dasselbe gemeint ist.* Auch in diesem Zusammenhang fanden sich Ausdrücke, die nur wenig dazu verführen, sie als Namen anzusehen. Ansonsten wurde für diese Ausgabe besonders auf gute und flüssige Lesbarkeit bei gleichzeitig zutreffender Aussage, ansprechender Formulierung und Verständlichkeit geachtet.

Laotse ist ein Ehrentitel, der sinngemäß „Der alte Meister" heißt. Wer das Werk Tao Te King liest, kann kaum übersehen, dass der oder die Urheber ähnlich wie etwa Buddha oder Christus in einem Maße bewusst gewesen sein müssen, das in der Menschheitsgeschichte bisher nur wenigen gegeben war. Leider liegen außer dem Werk selbst bezüglich Autor und Autorenschaft nur Legenden sowie Erwähnungen durch spätere Geschichtsschreiber und fiktive Gespräche vor, geschrieben von Schülern des Konfuzius und des Zhuangzi. Dass es den königlichen Beamten Li Er, Gelehrtenname Bo Yang, später Lao Dan, tatsächlich gegeben hat, wurde und wird daher immer wieder angezweifelt. Immerhin aber kann beim Lesen der Eindruck entstehen, als spräche aus einem ganz überwiegenden

Teil des Textes eine einzige, unnachahmliche Persönlichkeit. Andererseits wäre es in meinen Augen kaum weniger fantastisch, sollte das ganze Werk „lediglich" Sammeldokument eines bestimmten epochalen und evtl. regionalen Zeitgeistes sein.

Laut neueren Untersuchungen müsste Laotse etwa im 4. Jahrhundert v. Chr. gelebt haben. Das wäre zu Zeiten der östlichen Zhou-Dynastie, als sich allerlei Kleinstaaten auf chinesischem Boden heftig bekriegten. Tatsächlich wurde so sehr aufeinander eingedroschen, dass dieser Abschnitt der Geschichte später den Namen „Zeit der kämpfenden Reiche" (475 bis 221 v. Chr.) bekam und die Menschen sich viele Gedanken darüber machten, wie Frieden und Stabilität wieder hergestellt werden könnten. Der Legende nach war Laotse ein für seine Weisheit weithin bekannter Schriftkundiger und Archivar am Königshof der Zhou, der schließlich, als es ihm unerträglich wurde, im Rückzug über die westlichen Berge Einsamkeit und Frieden gesucht haben soll. Es heißt, der Wächter eines Bergpasses habe ihn gebeten, der Welt seine Weisheit nicht vorzuenthalten, worauf Laotse das Tao Te King niederschrieb und ihm überreichte. Dann sei er mit unbekanntem Ziel weitergezogen.

Den Titel Tao Te King bekam das Werk erst durch den Han-Kaiser Jingdi (188-141 v. Chr.). Die heutige Einteilung in 81 Kapitel erhielt der Text sogar erst im dritten Jahrhundert n. Chr.

Enno v. Denffer

PS: In „der klassischen daoistischen Literatur erscheint das Dao als unergründlicher, weiter und ewiger reiner Geist, die Mutter des Kosmos." Wikipedia

* Ausdrücke im Text, die insgesamt auf ein und dasselbe hinweisen:
Geist (in diversen Verbindungen), Ursprung, Urgrund, Quelle, Himmel, Geheimnis, Weg, Universum, Mutter (in diversen Verbindungen), das ewig Weibliche, das Eine, das Sein, das Nichtsein, die Stille, das Nichts.

Vorwort

Vom Sanften, vom Schwachen und vom Krieg

„Das Sanfteste auf Erden besiegt das Härteste auf Erden"

Dieser Satz des Laotse (Kap. 43) widerspricht allen unseren Erfahrungen. Und dennoch ist er – wie wir geradezu instinktiv fühlen – wahr. Vielleicht sagt er, was wir hoffen, was wir wünschen, was wir ersehnen. Die große Coronakrise, die die Welt ab 2020 einige Jahre lahmgelegt hat, zeigt, wie ein mikroskopisch kleines Virus die Welt lahmlegen kann. Sie zeigt aber auch, dass die Schwächsten der Gesellschaft (die Alten, die Menschen mit Demenz, die Behinderten, die Pflegebedürftigen) in der Gefahr sind, zuerst den Schutz zu verlieren.

Mitten in der Krise entwickelten auch deutsche Mediziner Triage-Strategien. Im Krieg ist „Triage" aufgekommen: Welche Verletzten werden noch versorgt, welche nicht? So wurde in der Coronakrise der Vorschlag gemacht, Dialysepatienten, schwer Herzkranke oder Menschen mit Demenz aus Intensivstationen herauszunehmen, wenn es zu wenig Intensivbetten gibt.

„Das Sanfteste auf Erden besiegt das Härteste auf Erden." Manche werden sagen: Sieht man denn nicht, was für einen schwärmerischen Unsinn Laotse da redet? Bemerkenswert ist aber, dass nahezu alle großen Philosophien und alle bedeutenden Religionsstifter etwas Ähnliches wie Laotse sagen. Paulus, der Apostel, schreibt an die Gemeinde in Korinth: „Und er hat zu mir gesagt: Lass dir an meiner Gnade genügen: denn *meine Kraft ist in den Schwachen mächtig.*"

„Das Sanfteste auf Erden besiegt das Härteste auf Erden." Der Satz
ist ebenso weltfremd wie der des Paulus: „Meine Kraft ist in den
Schwachen mächtig". Alle (Macht-)Tendenzen, die wir sehen und
beobachten, belegen das Gegenteil. Und dennoch hält Laotse ebenso wie Paulus an der Hoffnung fest, die die Welt auf den Kopf
stellen würde: Dass das Schwache, das Sanfte, das Wehrlose das
ist, was Zukunft hat. Hoffnung lebt aus diesem Paradox. Aus der
Hoffnung, dass die Welt nach der nächsten Krise nicht grausamer,
sondern humaner wird. *„Seine Kraft für sein Begehren einzusetzen,
wird stark genannt. Ist man aber auf diese Weise stark geworden,
erstarrt man, denn es ist geistlos, und Geistlosigkeit steht nahe
dem Ende.* (Kap. 55) Das leuchtet unmittelbar ein. Wir leben in einer
von Geistlosigkeit bedrohten Leistungsgesellschaft. Wie kommen
wir da raus?

„Gewaltsame Menschen nehmen kein natürliches Ende"

Laotses Mahnungen gerade auch vor dem Hintergrund schwerster
Konflikte ernst zu nehmen, ist heute wichtiger denn je. Warum?
Weil die Waffen allzerstörerisch geworden sind und schon
lediglich bei einem Missverständnis die Erde unbewohnbar machen
können. Laotse hingegen redet eindringlich von Frieden. *„Wer sich
des Menschenmordes freut, wird (...) niemals Erfüllung finden."*
(Kap. 31) Mit welcher Kühnheit und welcher Radikalität deckt
dieserSatz die Folgen des Krieges für die Menschen auf, die ihn
führen oder befürworten! Der Krieg zerstört nicht nur den Gegner,
sondern auch den, der den Krieg führt und ihn vielleicht sogar
gewinnt: *„Wer im Kampf gesiegt hat, soll sich zeigen wie bei einer*

*Trauer*feier." (Kap. 31) Ein Satz, der in Erinnerung ruft, dass jeder Sieg auch den Sieger beschädigt. Und wie auf auch historisch immer wieder zu beobachtende Eskalationen gemünzt: *„Wer im wahren Geist eine Regierung unterstützt, vergewaltigt nicht durch Waffen die Welt.'* (Kap. 30)

Wenn man die Weisheiten des Laotse liest, drängt sich der Eindruck auf: Laotse ist ein Fremdling inmitten des Wahns vom rühmlichen Sieg der größeren Gewalt. Und zugleich sind seine Worte wie Sterne am Himmelszelt, die den Friedensverzagten den Mut zurückgeben, sich nicht davon abbringen zu lassen, dem Frieden das Wort zu reden. Ich, der ich 1939 in Hamburg geboren wurde, bin bis heute noch ein Kriegskind, und der Schrecken der Bombennächte wohnt in mir und verlässt mich nicht. Ich weiß darum, dass der Satz des Laotse stimmt: *„Selbst die besten Waffen bringen kein Glück, sondern dienen heillosen Taten."* (Kap. 31) Es macht mich fassungslos, wie radikal sich die politische und kulturelle Landschaft in Europa in kurzer Zeit gewandelt hat: Friedenssehnsucht verschwand, stattdessen werden die Nachrichten in geradezu nicht enden wollender Abfolge von der Frage beherrscht, welche Waffen mit welcher Geschwindigkeit geliefert werden.

Noch einmal: *„Das Harte und Starke unterliegt, das Weiche und Schwache obsiegt"*, sagt Laotse (Kap. 76). Ist das Wunschdenken? Sehen wir nicht gerade im Krieg, dass auf beiden Seiten erbittert und mit dröhnender Stärke und rhetorischer Härte zugeschlagen wird? Es ist erschreckend und kann sich doch als zutreffend erweisen, wenn Laotse den Kriegstreibern auf beiden Seiten ein bitteres Ende prognostiziert: *„In Gewalt zu erstarren ist geistlos, und Geistlosigkeit steht nahe dem Ende."* (Kap. 30) Was für eine Botschaft! Der Gewalttäter mag physisch überleben, aber seine Seele ist unweigerlich der Zerstörung ausgeliefert. Und: *„Gewaltsame Menschen nehmen kein natürliches Ende. Es gehört zu den Grundlagen meiner Lehre"* (Kap. 42). Wahrlich eine dringende Aufforderung zum Innehalten und grundlegenden Sinneswandel. Ganz ähnlich finden wir übrigens in der christlichen Tradition die Aussage *„Wer zum Schwert greift, wird durch das Schwert umkommen"* (Matthäus 26,52) und die Aufforderung *„Schwerter zu Pflugscharen"* (Micha 4,3).

Die Aphorismen des Laotse, die Enno von Denffer dankenswerterweise nahezu allgemeinverständlich übertragen und mit Bildern versehen neu herausgegeben hat, leben und sind eine Arznei gegen Erstarrung, Geistlosigkeit, Oberflächlichkeit und Schwermut.

Ich wünsche diesem Buch, dass viele es auf dem Nachtschrank neben sich liegen haben und morgens und abends einen Satz daraus lesen. Dann kann es eines Tages doch noch wahr werden, dass das Sanfteste das Härteste besiegt.

Prof. Dr. Dr. Reimer Gronemeyer

Laotse auf seinem Reittier
(Darstellung aus China)

Das Buch
vom ewigen Geist

1.

Der Geist, der erklärt werden kann,
ist nicht der ewige Geist.
Der Name, der genannt werden kann,
ist nicht der ewige Name.
Im namenlosen Nichtsein
liegt der Ursprung des Universums,
im namhaften Sein
die formgebende Mutter der Schöpfung.
So führt die Richtung auf das Nichtsein
zum Schauen des wunderbaren Wesens,
die Richtung auf das Sein
zum Schauen der Formen.
Beides ist eins dem Ursprung nach
und nur verschieden durch Namen.
In seiner Einheit heißt es ein Geheimnis.
Des Geheimnisses noch tieferes Geheimnis
ist das Tor all der Wunder.

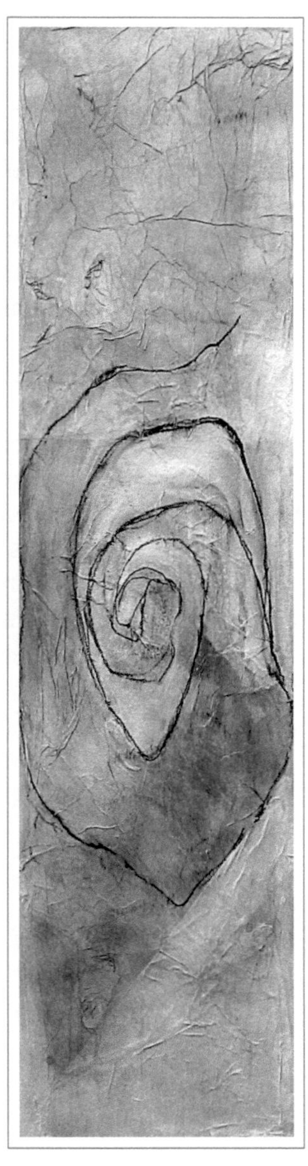

2.

Wenn auf Erden alle einig sind, was schön sei,
so ist dadurch auch das Hässliche gesetzt.
Wenn auf Erden alle einig sind, was gut sei,
so ist dadurch auch das Schlechte gesetzt.
Denn Sein und Nichtsein erzeugen einander.
Schwer und Leicht vollenden einander.
Lang und Kurz gestalten einander.
Hoch und Tief verkehren einander.
Stimme und Ton vermählen einander.
Vorher und Nachher folgen einander.

Und so der weise Mensch:
Er ruht im Wirken ohne einzugreifen.
Er übt Belehrung ohne zu reden.
Zahllose Dinge gedeihen,
doch er erteilt keine Anweisungen.
Er erzeugt, doch beansprucht nicht.
Er wirkt, doch behält nicht.
Ist ein Werk vollbracht,
so verharrt er nicht dabei.
Und eben weil er nicht verharrt,
muss er auch nichts zurücklassen.

3.

Die Bedeutenden nicht bevorzugen,
so macht man, dass das Volk nicht streitet.
Schwer zu erlangende Güter nicht begehren,
so macht man, dass das Volk nicht stiehlt.
Gier nicht fördern, so macht man,
dass das Volk friedlich ist.

Darum regiert der weise Mensch so:
Er sorgt für Zufriedenheit und bekämpft Hunger.
Er mindert Begehren und stärkt die Knochen.
Er macht, dass das Volk redlich
und ohne Gier ist, und er sorgt dafür,
dass die Gewitzten sich nicht einmischen.
Er macht das Nicht-Machen,
so kommt alles in Ordnung.

4.

Leer ist der ewige Geist
und hat doch immer mehr als genug.

Tiefgründig ist er,
der Ursprung aller Wesen und Dinge.
Er mäßigt ihre Schärfe, löst ihre Wirrnis,
macht ihren Glanz sanft und
vereinigt sich mit ihrem Staub.
Unsichtbar ist er und immer anwesend.

Ich weiß nicht, woher er stammt,
er scheint des Höchsten Quelle zu sein.

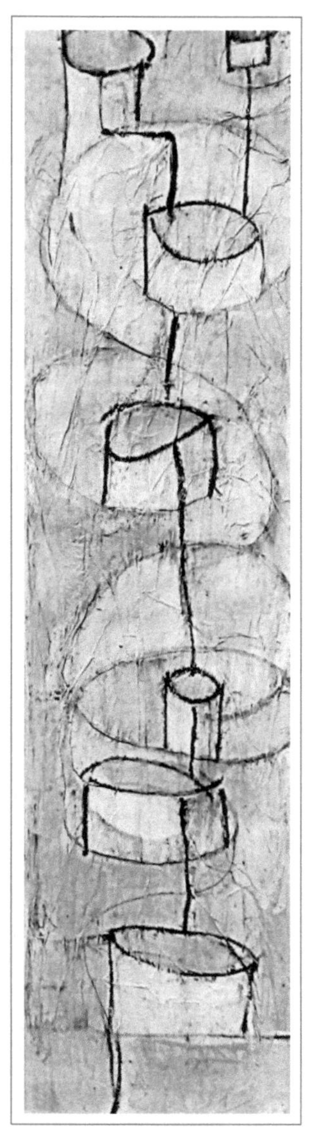

5.

Das Universum ist nicht sentimental,
ihm sind alle Geschöpfe
wie vergängliche Zier.
Der weise Mensch ist nicht sentimental,
ihm sind alle Leute
wie vergängliche Zier.

Der Raum zwischen Himmel und Erde
ist wie ein Blasebalg,
wie leer und doch nie ausgeschöpft,
mehr und mehr wird hervorgebracht.
Auch viele Worte sagen zu wenig,
besser ist es, still nach innen zu gehen.

6.

Der fruchtbringende Geist vergeht nie,
das ist das ewig Weibliche.

Die Pforte des ewig Weiblichen
ist der Ursprung von Himmel und Erde.

Ununterbrochen und beharrlich
wirkt es ohne Erschöpfung.

7.

Der Himmel ist ewig
und das Weltall dauerhaft.
Warum ist das so?
Sie bestehen andauernd,
weil sie nicht für sich selber bestehen.

Daher nimmt der weise Mensch
sich selbst zurück,
und sein Selbst kommt voran.
Er entäußert sich seiner selbst,
und sein Selbst erblüht.
Weil er nichts eigenes will,
wird sein Eigenes vollendet.

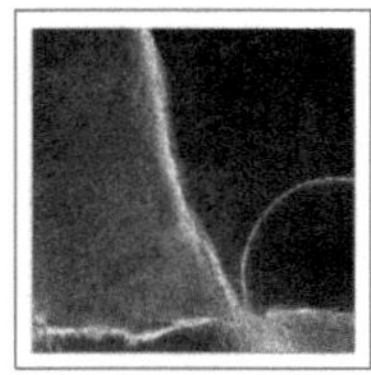

8.

Höchste Güte ist wie Wasser.
Des Wassers Güte ist es, allen Wesen
zu nutzen ohne Streit und Konkurrenz.
Es weilt an Orten, die alle Menschen verachten.
Darum steht es nahe dem Geist.

Beim Wohnen zeigt sich die Güte in der Lage.
Beim Denken zeigt sich die Güte in der Tiefe.
Beim Schenken zeigt sich die Güte in der Liebe.
Beim Reden zeigt sich die Güte in der Wahrheit.
Beim Walten zeigt sich die Güte in der Ordnung.
Beim Wirken zeigt sich die Güte im Können.
Beim Bewegen zeigt sich die Güte in der rechten Zeit.

Wer nicht konkurriert und streitet, bleibt tadellos.

9.

Etwas ansammeln bis zum Überfluss,
das lohnt der Mühe nicht.
Eine Klinge zu lange schärfen,
das führt zu baldigem Verschleiß.
Einen mit Gold und Edelsteinen
vollgestopften Saal kann niemand schützen.
Reich, berühmt und dazu eingebildet sein,
das zieht von selbst das Unglück heran.

Sich zurücknehmen, wenn ein Werk getan ist,
das entspricht dem Geist des Himmels.

10.

Kannst du deine Seele so bilden,
dass sie ohne Zwiespalt das Eine erfasst?
Kannst du deine Kraft harmonisieren
und Weichheit erreichen,
dass du wie ein Kindchen bist?
Kannst du dein inneres Schauen so reinigen,
dass es frei von Flecken ist?
Kannst du die Menschen lieben und den Staat lenken
und dabei ohne Einbildung sein?
Kannst du voller Hingabe sein,
wenn die Pforte des Himmels
sich öffnet und schließt?
Kannst du mit innerer Klarheit und Reinheit
ohne Absicht alles durchdringen?

Erzeugen und nähren,
haben und nicht besitzen,
wirken und nicht behalten,
führen und nicht beherrschen,
das ist das Geheimnis wahren Lebens.

11.

Dreißig Speichen umgeben eine Nabe,
in ihrem Nichts besteht
der Räder Nutzbarkeit.

Man nimmt Ton und formt ihn zu Töpfen,
in ihrem Nichts besteht
der Töpfe Nutzbarkeit.

Man macht Türen und Fenster,
damit die Wohnung werde,
in ihrem Nichts besteht
der Wohnung Nutzbarkeit.

Darum: Was ist, bringt Besitz.
Was nicht ist, bringt Nutzen.

12.

Zu viele Farben machen der Menschen Augen blind.
Zu viele Töne machen der Menschen Ohren taub.
Zu viele Gewürze betäuben der Menschen Gaumen.
Rennen und jagen machen der Menschen Geist toll.
Seltene Güter machen der Menschen Handeln gierig.

Darum achtet der weise Mensch
auf das Innere, nicht aufs Äußere.
Er verzichtet auf das Ferne
und hält sich an das Nahe.

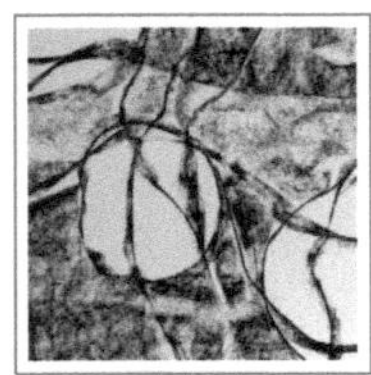

13.

Menschengnade ist so beschämend wie Angst.
Ehre ist ein so großes Übel wie das Ego.

Was heißt: „Menschengnade ist
so beschämend wie Angst"?
Menschengnade ist etwas Erniedrigendes.
Man erlangt sie und muss sich entsprechend ängstigen.
Man verliert sie und muss sich entsprechend ängstigen.
Das heißt:„Menschengnade ist
so beschämend wie Angst".

Was heißt: „Ehre ist ein so großes Übel wie das Ego"?
Der Grund, warum wir große Übel erfahren, ist,
dass wir ein Ego haben.
Wenn wir kein Ego haben,
welche Übel gibt es dann noch?

Darum: Wer in seiner Person die Welt ehrt,
dem kann man die Welt anvertrauen.
Wer in seiner Person die Welt liebt,
dem kann man die Welt übergeben.

14.

Man schaut nach ihm und sieht es nicht,
es heißt das Unsichtbare.
Man horcht nach ihm und hört es nicht,
es heißt das Unhörbare.
Man fasst nach ihm und fühlt es nicht,
es heißt das Unfassbare.
Diese drei gehören untrennbar
zur Natur des Einen.

Es hat keine Lichtseite,
es hat keine Schattenseite.
Da ist ein beständiges Fließen,
das nicht zu begreifen ist.
Es reicht zurück ins Wesenlose,
zur gestaltlosen Gestalt, zum inhaltslosen Bild,
das nicht fassbare Unbekannte genannt.
Ihm entgegengehend sieht man keinen Anfang,
ihm nachfolgend sieht man kein Ende.

Wem der ewige Geist zugänglich ist,
der kann im aktuellen Dasein bestehen,
wer vom zeitlosen Ursprung weiß,
kennt des Geistes beständiges Band.

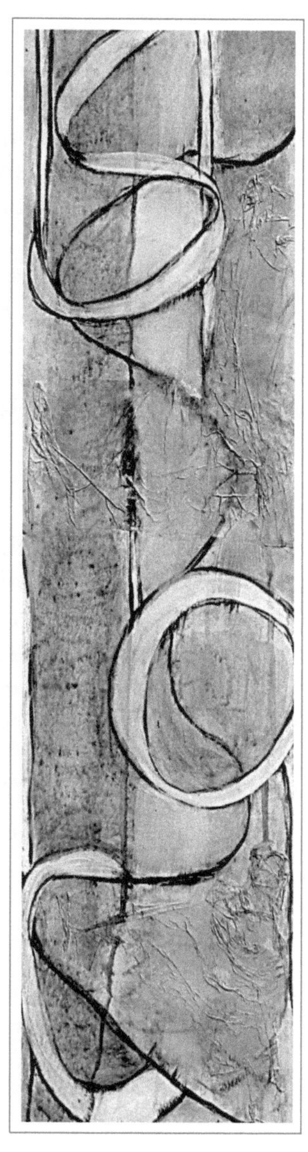

15.

Die vorzeiten als Berufene erfolgreich waren,
verfügten über eine feine, tief durchdringende Kraft
von geheimnisvoller Unergründlichkeit.
Weil sie so unermesslich waren,
ist ihre Erscheinung nur schwer zu beschreiben.

Wachsam, wie man im Winter einen Fluss überschreitet,
vorsichtig und aufmerksam nach allen Seiten,
zurückhaltend wie Gäste,
hingegeben wie schmelzendes Eis,
einfach wie unbearbeitetes Holz,
weit wie Flusstäler und
undurchsichtig wie Wildwasser.

Wer kann wie sie Trübes durch Ruhe allmählich klären
und zunehmende Lebenskraft durch Stille gewinnen?
Wer solchen Geist pflegt, strebt Überfluss nicht an.
Denn nur, wer keinen Überfluss hat,
kann mäßig sein, Entfremdung vermeiden
und Vollendung erreichen.

16.

Erreiche vollkommene Leere!
Wahre gelassen die Stille!
Alle Dinge zeigen sich dann im Einen.

Ich sehe, wie sie umkehren,
die Geschöpfe in all ihrer Zahl.
Ein jedes kehrt zurück zum Ursprung.
Rückkehr zum Ursprung heißt Stille,
Stille heißt Wendung zur Berufung,
Wendung zur Berufung heißt Ewigkeit.
Erkenntnis der Ewigkeit heißt Klarheit.
Erkennst du das Ewige nicht,
so drohen Wirrnis und Unheil.
Erkennst du das Ewige,
so wirst du gelassen.

Gelassenheit führt zu Gerechtigkeit,
Gerechtigkeit macht königlich
und führt zum Himmel,
der Himmel führt zum ewigen Geist,
dieser führt zum Fortbestehen
ohne jede Todesangst.

17.

Regiert ein überragender Mensch,
so merkt das Volk kaum, dass er da ist.
Weniger Große werden geliebt und gelobt,
Geringere werden gefürchtet,
ganz Geringe werden verachtet.

Wer nicht vertraut,
findet auch kein Vertrauen.
Werden Vorschriften mit Bedacht getroffen,
dann werden begonnene Werke vollendet,
die Geschäfte nehmen ihren Lauf
und die Leute sagen:
„Wir sind frei".

18.

Wird der große Geist vergessen,
ist von Sittlichkeit und Pflicht die Rede.

Kommen Schläue und Wissen auf,
gibt es große Heuchelei.

Werden die Verwandten uneins,
redet man von Kindespflicht und Liebe.

Geraten Staaten in Verwirrung,
treten beflissene Patrioten auf.

19.

Vergesst die Heiligkeit, verwerft die Einbildung,
so wird das Volk hundertfach gewinnen.
Vergesst die Sittlichkeit, verwerft die Pflicht,
so wird das Volk zurückkehren zu Liebe und Fürsorge.
Vergesst die Raffinesse, verwerft den Profit,
so wird es Diebe und Räuber nicht mehr geben.

In all diesen Angelegenheiten
ist schöner Schein nicht ausreichend.
Sorgt dafür, dass die Menschen
sich an etwas halten können.
Zeigt Einfachheit, haltet fest an Lauterkeit!
Baut die Selbstsucht ab, verringert die Begierden!
Gebt eure Einbildung auf,
so seid ihr frei von Sorgen!

20.

Vergessen, was nur behauptet wird,
bewahrt vor Kummer.
Was ist der Unterschied
zwischen Zustimmung und Heuchelei?
Was ist der Unterschied
zwischen Gutem und Schädlichem?
Die Leute nehmen vieles einfach hin
und wollen Kritik nicht zulassen.
Objektivität ist so nicht möglich.

Alle Leute strahlen zufrieden,
als ginge es zum großen Opferfest,
oder so, wie sie im Frühling
auf die Terrassen steigen.
Ich allein bin unberührt, als
hätte ich ein Zeichen verpasst,
so wie ein Säugling,
der noch nicht lachen kann,
oder wie ein müder alter Mann,
der kein Zuhause hat.

Alle Leute erstreben Überfluss,
allein ich bin wie abgehängt.
Mein unseliger Verstand
ist voller Fragen und verwirrt.
Die Weltmenschen sind guter Laune,
ich allein stehe im Dunkeln.
Die Weltmenschen sind scharfsinnig
und wachsam, ich aber bin durcheinander,
mal wie ein stilles Gewässer,
mal ruhelos wie ein Wind.

Alle Leute verfolgen Absichten,
ich hingegen bin ein widerspenstiger Wilder.

Ich allein bin anders als diese Leute
und achte die große nährende Mutter.

21.

Höchste Tugend entspricht
einzig dem ewigen Geist.
Dieser Geist bewirkt Dinge
unsichtbar, unfassbar.
Unfassbar, unsichtbar
sind in ihm Bilder.
Unsichtbar, unfassbar
sind in ihm Dinge.
Unergründlich, dunkel
ist in ihm Same.

Dieser Same ist Wahrheit.
In ihm ist Zuverlässigkeit.
Von alters her bis heute
muss er gekannt werden,
um allen Ursprung zu verstehen.

Woher kenne ich
das Wesen allen Ursprungs?
Eben durch ihn.

22.

Was halb ist, wird ganz werden.
Was unbestimmt ist, wird bestimmt werden.
Was leer ist, wird voll werden.
Was alt ist, wird neu werden.
Wer wenig hat, der wird bekommen,
wer zu viel hat, wird benommen.

Also der weise Mensch:
Er widmet sich dem Einen
und setzt so Zeichen für die Welt.
Er will nicht selber scheinen,
darum wird er erleuchtet.
Er ist nicht selbstgerecht,
darum wird er gerühmt.
Er stellt sich nicht heraus,
darum hat er Verdienste.
Er ist nicht überheblich,
darum wird er erhoben.
Weil er nicht konkurriert,
kann niemand auf der Welt
mit ihm konkurrieren.

Wenn die Alten sagten
»Was halb ist, soll gänzlich werden«
war das fürwahr kein leeres Wort.
Gehe vollständig nach innen,
und du erfährst Vollkommenheit.

23.

Nur wenige Worte kommen spontan.
Ein Wirbelsturm dauert nicht den ganzen Morgen,
ein Platzregen dauert nicht den ganzen Tag.
Und wer bringt diese hervor?
Himmel und Erde.
Wenn selbst Himmel und Erde
nur wenig Ausdauer haben,
wie viel weniger der Mensch.

Wenn du aber mit Geist an dein Werk gehst,
so wirst du mit denen, die Geist haben, eins darin,
mit denen, die Leben haben, eins im Leben,
mit denen, die arm sind, eins in der Armut.

Bist du eins mit ihnen im Geist,
so kommen dir die, die Geist haben,
auch freudig entgegen.
Bist du eins mit ihnen im Leben,
so kommen dir die, die Leben haben,
auch freudig entgegen.
Bist du eins mit ihnen in der Armut,
so kommen dir die, die arm sind,
auch freudig entgegen.

Ist dein Vertrauen aber nicht stark genug,
so wirst du kein Vertrauen finden.

24.

Wer auf den Zehenspitzen steht,
steht nicht fest.
Wer mit gespreizten Beinen geht,
kommt nicht voran.

Wer selber scheinen will,
wird nicht erleuchtet.
Wer selber etwas sein will,
wird nicht geachtet.
Wer sich selber rühmt,
hat keine Ehre.
Wer sich selbst bewundert,
hat keine Größe.

Für diejenigen mit Geist ist das so
wie Gefräßigkeit und hohles Getue.
Wer Geist hat, hält sich damit nicht auf.

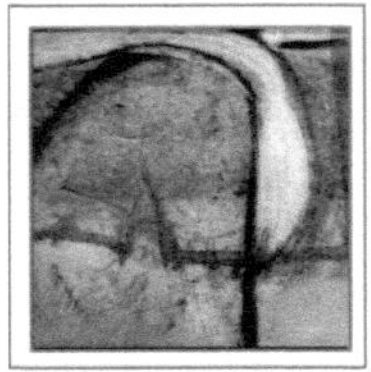

25.

Es gibt etwas, das ist durch und durch vollendet.
Bevor Himmel und Erde waren, ist es schon da.
Schweigend, ohne Form,
einmalig und unwandelbar ist es,
allgegenwärtig und ewig.
Man kann es als Urmutter
aller Schöpfung betrachten.
Ich kenne seinen Namen nicht
und spreche von ewigem Geist.

Mühsam seine Art bezeichnend, nenne ich ihn groß.
Groß und fließend geht er über alles hinaus,
geht auch darüber noch hinaus und kehrt zurück.
So ist der Geist groß,
der Himmel groß, die Erde groß,
und auch der Mensch ist groß.
Vier Große gibt es im All,
und der Mensch ist darunter.

Der Mensch richtet sich nach der Erde.
Die Erde richtet sich nach dem Himmel.
Der Himmel richtet sich nach dem Geist.
Der Geist richtet sich nach sich selber.

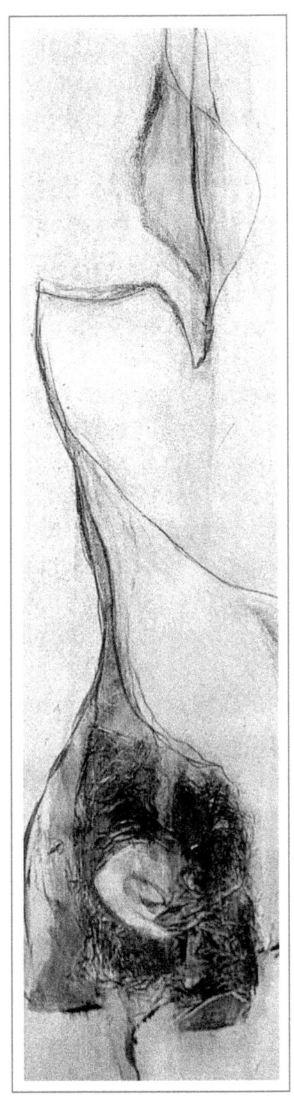

26.

Gewichtig ist die Wurzel des Leichten.
Ruhe besiegt Ungeduld.

Daher trennt sich der weise Herrscher,
wenn er tagelang unterwegs ist,
nie vom schweren Gepäckwagen.
So kann er auch bei ruhmvollen Aussichten
locker und gelassen bleiben.

Wie könnte der Herrscher über unzählige Kampfwagen
leichtfertig Leben und Gesundheit riskieren?
Durch Leichtfertigkeit verliert man die Wurzel,
durch Ungeduld die Autorität.

27.

Ein guter Läufer hinterlässt keine Spur.
Ein guter Redner kennt keine Ausrutscher.
Ein guter Rechner braucht keine Rechenhilfe.

Ein guter Verschluss ist ohne Schloss und Riegel,
und doch kann ihn niemand öffnen.
Eine gute Verbindung ist ohne Schnur und Knoten,
und doch kann sie niemand lösen.

Der weise Mensch versteht es immer,
Menschen zu helfen, niemanden weist er zurück.
Auch versteht er es immer, Dinge zu regeln,
nichts vernachlässigt er.
Das nennen wir praktische Weisheit.

Sind kluge Menschen Lehrer von schwachen,
so liegt die Verantwortung bei den Klugen.
Wenn ein Schwacher den Lehrer aber nicht akzeptiert
und der Lehrer jede Verantwortung ablehnt,
besteht trotz aller Klugheit ein Problem.
Das nennen wir praktisches Rätsel.

28.

Der Mensch, der seine Männlichkeit kennt
und seine Weiblichkeit wahrt,
ist Empfänger der Welt.
Ist er Empfänger der Welt,
so verlässt ihn das ewige Leben nicht
und er wird wieder wie ein Kind.

Der Mensch, der sein Licht kennt.
und seine Dunkelheit wahrt,
ist Vorbild für die Welt.
Ist er Vorbild der Welt,
so weicht das ewige Leben nicht von ihm
und er kehrt zurück zum Ursprünglichen.

Der Mensch, der seine Ehre kennt
und seine Demut wahrt,
ist das Potential der Welt.
Ist er das Potential der Welt,
orientiert er sich am ewigen Leben
und wendet sich der Vollkommenheit zu.

Wird Vollkommenheit beschnitten, so wird daraus Nützliches.
Ein weiser Mensch würde so zum Oberhaupt der Beamten.
Darum darf Vollkommenheit nie beschnitten werden.

29.

Die Welt besitzen und manipulieren wollen
- ich habe erlebt, dass das nicht funktioniert.
Die Welt ist ein geistiges Ding,
das man nicht manipulieren darf.
Wer sie manipuliert, verdirbt sie,
wer sie festhalten will, verliert sie.

Die Dinge gehen bald voran, bald folgen sie,
bald hauchen sie warm, bald blasen sie kalt,
bald sind sie stark, bald sind sie empfindlich,
bald stehen sie oben, bald stürzen sie ab.

Darum meidet der weise Mensch alles Extreme,
so auch Verschwendung und Dünkel.

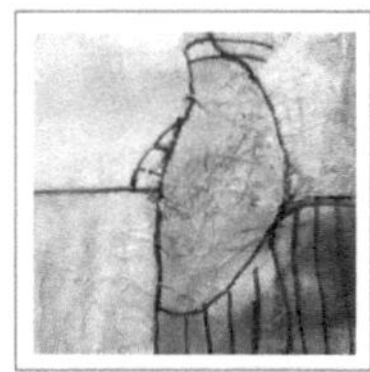

30.

Wer im wahren Geist eine Regierung unterstützt,
vergewaltigt nicht durch Waffen die Welt,
denn alle Handlungen kommen
auf das eigene Haupt zurück.
Wo Heere gewesen sind,
wachsen Disteln und Dornen.
Nach den Kämpfen folgen
immer böse Hungerjahre.

Darum sucht der tüchtige Mensch
nur Entscheidung, nichts weiter,
er versucht nicht, etwas
durch Gewalt zu erreichen.

Entscheidung, ohne sich zu brüsten,
Entscheidung, ohne sich zu rühmen,
Entscheidung, ohne stolz zu sein,
Entscheidung, weil es nicht anders geht,
Entscheidung, ferne von Gewalt.

In Gewalt zu erstarren ist geistlos,
und Geistlosigkeit steht nahe dem Ende.

31.

Selbst die besten Waffen bringen kein Glück,
sondern dienen heillosen Taten.
Darum wollen Menschen, die geistvoll sind,
auch nichts mit ihnen zu tun haben.

Der edle Mensch achtet
im täglichen Leben
die Linke als Ehrenplatz.
Beim Waffenhandwerk
ist die Rechte der Ehrenplatz.
Waffen sind unheilvolle Geräte,
keine Geräte für den Edlen.
Nur wenn er gar nicht anders kann, gebraucht er sie,
Ruhe und Frieden sind ihm das Höchste.
Wenn er siegt, macht es ihn nicht glücklich,
wen das glücklich macht, der muss sich
ja auch am Mord von Menschen erfreuen.
Wer sich des Menschenmordes freut,
wird aber niemals Erfüllung finden.

Bei Glücksfällen erachtet man
die linke Seite als Ehrenplatz.
Bei Unglücksfällen erachtet man
die rechte Seite als Ehrenplatz.
Der Unterfeldherr steht zur Linken,
der Oberführer steht zur Rechten,
das heißt, er nimmt den Platz nach
dem Brauch von Trauerfeiern ein.

Menschen töten in großer Zahl, das
soll man beklagen mit Tränen des Mitleids.
Wer im Kampf gesiegt hat, der
soll sich zeigen wie bei einer Trauerfeier.

32.

Der ewige Geist ist ohne Unterschied
von einer geradlinigen Einfachheit.
Obwohl er nichts hermacht,
kann niemand ihn je zum Diener machen.

Wenn Regierende ihm entsprechen könnten,
würden alle Geschöpfe sich sofort unterwerfen.
Himmel und Erde würden sich vereinen,
um süßen Tau zu spenden.
Das Volk würde ohne Vorschriften
von selbst in Einklang kommen.

Bei der Einführung von Vorschriften
kommen bald immer mehr hinzu.
Da ist es wichtig, innezuhalten.
Weiß man rechtzeitig innezuhalten,
kommen keine Gefahren auf.

Man kann das Verhältnis des Geistes
zur Welt vergleichen mit Gebieten,
wo Flüsse das Meer erreichen.

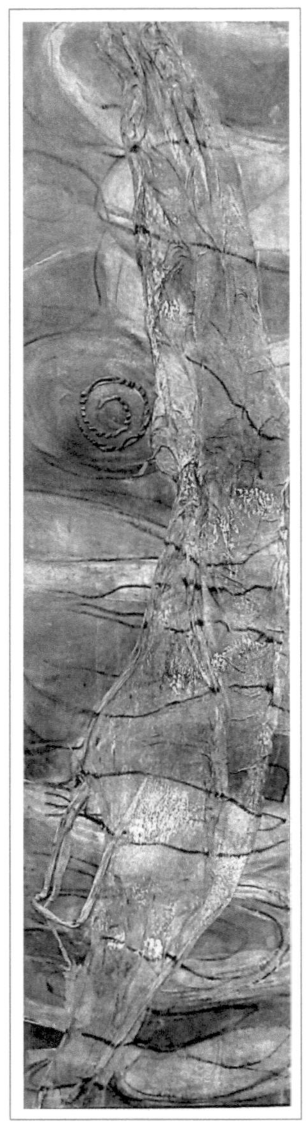

33.

Wer andere kennt, ist klug.
Wer sich selbst kennt, ist weise.
Wer andere besiegt, hat Kraft.
Wer sich selbst besiegt, ist stark.

Wer sich durchsetzt, hat Willen.
Wer sich begnügt, ist reich.
Wer seinen Platz hält, hat Ausdauer.
Wer beim Sterben nicht verzagt, lebt ewig.

34.

Der große Geist ist überströmend,
er kann zur Rechten sein wie zur Linken.
Alle Wesen verdanken ihm ihr Dasein
und er lässt sie nicht im Stich.
Wenn ein Werk vollbracht ist,
erhebt er keinen Anspruch.

Er kleidet und nährt alle Wesen
und spielt sich nicht als Herrschaft auf.
Sofern er ewig nicht begehrend ist,
kann man ihn als klein bezeichnen.
Sofern alle Wesen von ihm abhängen,
ohne deshalb beherrscht zu werden,
kann man ihn als groß bezeichnen.

Nie gibt er sich groß,
darum hat er wahre Größe.

35.

Halte dich an das große Bild des Ganzen,
dann kommt die Welt zu dir.
Sie kam unbeschadet
in Ruhe, Frieden und Vollendung.

Wo es Musik und Speise gibt,
möchte ein Wanderer auf dem Weg wohl anhalten.
Der ewige Geist aber ist ohne Klang und Würze.

Du blickst nach ihm und siehst nichts Sonderliches.
Du horchst nach ihm und hörst nichts Sonderliches.
Du vertraust dich ihm an, und der Nutzen ist
unerschöpflich.

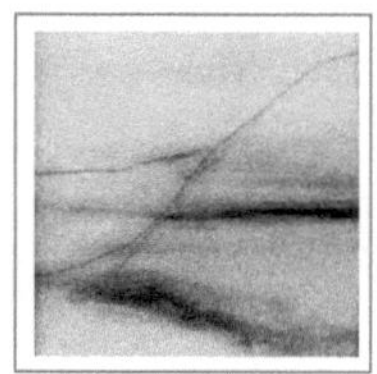

36.

Was du verengen willst,
muss vorher weit sein.
Was du schwächen willst,
muss vorher stark sein.
Was du zerstören willst,
muss vorher gelungen sein.
Was du nehmen willst,
muss vorher gegeben sein.

Dies bedeutet geheime Weisheit:
Das Mindere und Zarte
besiegt das Harte und Starke.
Fische sind ohne Wasser verloren.
Die stärksten Waffen sieht man nicht.

37.

Der ewige Geist kennt kein Getue,
doch nichts bleibt ungetan.

Verstehen Regierungen dem zu entsprechen,
entwickelt sich alles auf natürliche Weise.
Entwickeln die Dinge sich dementsprechend,
folgt Hinwendung zu vollkommener Schlichtheit.

Schlichtheit bewirkt Wunschlosigkeit.
Wunschlosigkeit macht gelassen,
und die Welt ordnet sich in
natürlicher Harmonie.

38.

Wer die Tugend hochhält, sucht sie nicht,
darum hat er Tugend.
Wer die Tugend weniger hochhält,
sucht sie nicht zu verlieren,
darum hat er keine Tugend.

Wer die Tugend hochhält,
greift nicht ein und hat keine Absichten.
Wer die Tugend weniger hochhält,
greift ein und hat Absichten.
Wer die Liebe hochhält, handelt, hat aber keine Absichten.
Wer die Gerechtigkeit hochhält, handelt und hat Absichten.

Wer die Moral hochhält, handelt,
und wenn man ihm nicht folgt,
so fuchtelt er mit den Armen
und will Zwang ausüben.

Darum: Ist der Geist verloren, dann die Tugend.
Ist die Tugend verloren, dann die Liebe.
Ist die Liebe verloren, dann die Gerechtigkeit.
Ist die Gerechtigkeit verloren, folgt Moral.
Solche Moral ist Treu und Glaubens
Dürftigkeit und der Anfang von Wirrnis.
Unkerei ist des Geistes Schein
und der Beginn von Torheit.

Darum hält der weise Mensch sich ans Wesentliche
und nicht ans Oberflächliche.
Er wohnt im Sein und nicht im Schein.
Er verzichtet auf Fernliegendes
und hält sich an das Nahe.

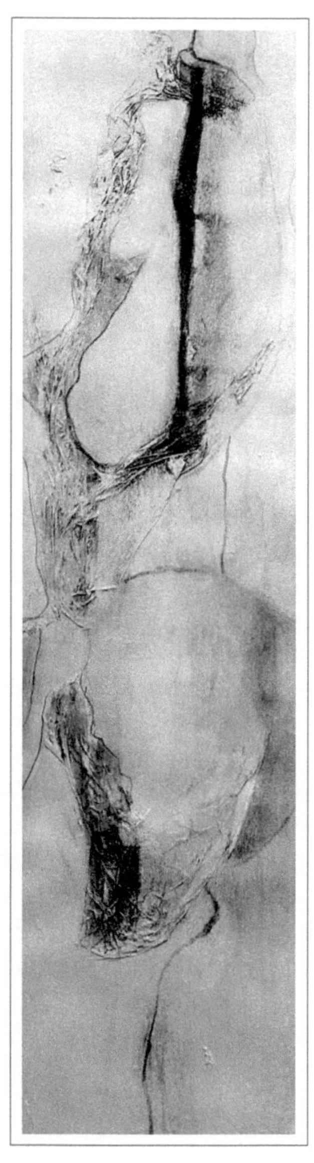

39.

Schon immer eins mit dem Einen:

Der Himmel war eins mit dem Einen und klar.
Die Erde war eins mit dem Einen und fest.
Die Götter waren eins mit dem Einen und mächtig.
Der Raum war eins mit dem Einen und erfüllt.
Alle Dinge waren eins mit dem Einen und entstanden.
Könige und Fürsten waren eins mit dem Einen
und regierten die Welt.

Dies alles besteht durch das Eine.
Wäre der Himmel nicht klar dadurch, so müsste er bersten.
Wäre die Erde nicht fest dadurch, so müsste sie wanken.
Wären die Götter nicht mächtig dadurch,
so müssten sie erstarren.
Wäre der Raum nicht erfüllt dadurch, so müsste er versiegen.
Wären nicht alle Dinge entstanden dadurch,
so müssten sie verschwinden.
Wären Könige und Fürsten nicht erhaben dadurch,
so müssten sie stürzen.

Das Edle hat das Geringe zur Wurzel.
Das Hohe hat das Niedere zur Grundlage.
Entsprechend wählen Fürsten und Könige Worte
wie Verlassenheit, Einsamkeit und Wenigkeit
zu ihrer Selbstbezeichnung.
Damit bezeichnen sie das Geringe als ihre Wurzel.
Ist es nicht so?
Ohne die Bestandteile eines Wagens
gibt es keinen Wagen.

Erstrebe nicht den gleißenden Schein eines Juwels,
sondern die einfache Natürlichkeit eines Steines.

40.

Zurück auf sich selbst
richtet sich der ewige Geist,
Sanftheit ist seine Natur.

Abertausend Dinge entstehen im Sein,
das Sein entsteht im Nichtsein.

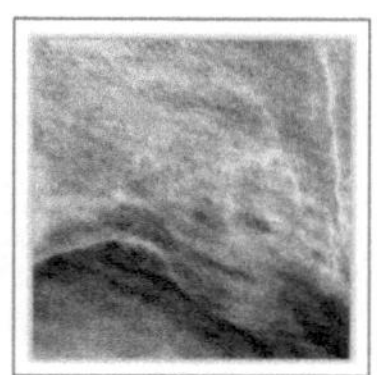

41.

Wenn ein hochentwickelter Mensch
vom ewigen Geist erfährt,
so tut er alles, ihm zu folgen.
Wenn ein mittelmäßiger
vom ewigen Geist erfährt,
so glaubt er halb, halb zweifelt er.
Wenn ein Trottel vom ewigen Geist erfährt,
so lacht er laut darüber, und selbst dieses
Lachen verweist auf den ewigen Geist.

Über den Trottel gibt es einen alten Spruch:
„Der helle Geist erscheint ihm dunkel,
der Geist des Fortschritts als Rückschritt
und der sanfte Geist ungehobelt.
Überlegene Tugend scheint ihm abgründig,
umfassende Tugend unzureichend,
starke Tugend angreifbar,
ein reines Wesen befleckt und
die Wahrheit als Betrug.
Das vollkommene Quadrat
ist für ihn ohne Ecken,
die vollkommene Anlage gar nicht fertig,
der vollkommene Ton ohne Klang
und das vollkommene Bild ohne Form.“

Der ewige Geist ist unbegreiflich
in seiner Verborgenheit,
doch gerade durch ihn
ist alle Vollendung möglich.

42.

Der Geist erzeugt die Eins.
Die Eins erzeugt die Zwei.
Die Zwei erzeugt die Drei.
Die Drei erzeugt alle Dinge.

Alle Schöpfung enthält Yin, Yang und Qi,
der Ausgleich der Kräfte erzeugt Harmonie.

Was andere lehren, lehre auch ich:
Gewaltsame Menschen nehmen kein natürliches Ende.
Es gehört zu den Grundlagen meiner Lehre.

Was die Menschen nicht mögen,
ist Verlassenheit, Einsamkeit, Wenigkeit.
Dennoch wählen Könige und Fürsten
diese Worte zu ihrer Selbstbezeichnung.
Denn man gewinnt durch Verlust
und verliert durch Gewinn.

43.

Das Sanfteste auf Erden
besiegt das Härteste auf Erden.
Absolut stille Hingabe durchdringt
blitzschnell alles selbst ohne Öffnung.
Dies verdeutlicht uns auch den
Vorteil des Nichteingreifens.

Auf das Lehren ohne Worte
und auf erfolgreiches Nichteingreifen
verstehen sich nur wenige auf Erden.

44.

Der Name oder die Person,
was zählt mehr?
Die Person oder der Besitz,
was wiegt mehr?
Gewinnen oder verlieren,
was ist schlimmer?

Wer viel begehrt,
verausgabt sich.
Wer viel ansammelt
verliert sich.
Wer Überfluss vermeidet,
erreicht Erfüllung.

Wer innehält,
erreicht inneren Halt
und bleibt sich selbst erhalten.

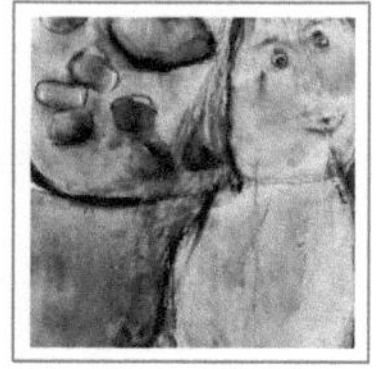

Große Vollendung muss unvollendet erscheinen,
so wird sie unfehlbar in ihrer Wirkung.
Große Fülle muss leer erscheinen,
so wird sie unerschöpflich in ihrer Wirkung.
Große Geradheit muss krumm erscheinen.
Großes Können muss ungeübt erscheinen.
Große Rede muss ungeschliffen erscheinen.

Begeisterung überwindet Unterkühlung.
Ruhe überwindet Überhitzung.
Klarheit und Ruhe halten die Welt in Ordnung.

46.

Wenn der ewige Geist herrscht auf Erden,
dann werden auch Rennpferde
zum Transport von Dung verwendet.
Wenn der Geist abhanden ist auf Erden,
dann werden Kriegsrosse im Grenzland gezüchtet.

Es gibt keinen größeren Fehler als Habgier.
Es gibt kein größeres Übel als Unzufriedenheit.
Es gibt keine größere Sünde als Unersättlichkeit.

Erkenne:
Genug ist genug und wird immer genügen.

47.

Ohne aus der Tür zu gehen,
kannst du die Welt erkennen.
Ohne aus dem Fenster zu sehen,
kannst du des Himmels ewigen Geist schauen.

Je weiter ein Mensch hinausgeht,
desto geringer wird seine Erkenntnis.
Darum braucht der weise Mensch
nicht zu reisen und weiß doch alles.
Er braucht nichts zu sehen
und sieht doch klar.
Er braucht nicht einzugreifen
und vollendet doch.

48.

Wer die Gewitztheit fördert, vermehrt täglich.
Wer den Geist fördert, vermindert täglich.
Er vermindert und vermindert,
bis er schließlich beim Nichteingreifen ankommt.
Beim Nichteingreifen jedoch bleibt nichts ungetan.

Die Welt gewinnen kann man nur,
wenn man frei bleibt von Geschäftigkeit.
Vielbeschäftigte können die Welt nicht gewinnen.

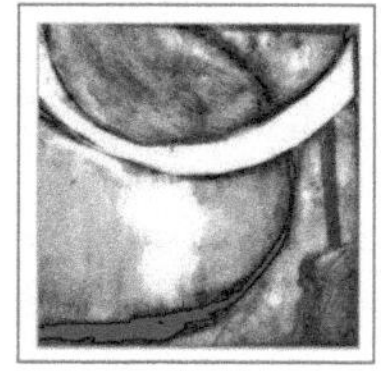

49.

Der weise Mensch hat kein persönliches Herz,
er lässt das Herz aller Menschen sein Herz sein:
„Zu den Guten bin ich gut,
zu den Unguten bin ich auch gut,
denn wahres Leben ist Güte.
Zu den Aufrichtigen bin ich aufrichtig,
zu den Unaufrichtigen bin ich auch aufrichtig,
denn wahres Leben ist Aufrichtigkeit.“

Der weise Mensch lebt ganz ruhig in der Welt
und sein Herz ist weit für die Welt.
Die Leute schauen auf ihn und horchen.
Der weise Mensch sieht alle an, als wären sie
seine Kinder.

50.

Gleich mit der Geburt tritt der Tod ins Leben.
Gesellen des Lebens gibt es drei unter zehn,
Gesellen des Todes gibt es drei unter zehn.
Menschen, die leben und sich dabei geradewegs
auf den Punkt des Todes zubewegen,
gibt es auch drei unter zehn.
Was ist der Grund?
Weil sie ihres Lebens
Steigerung erzeugen wollen.

Ich habe gehört:
Wer das Leben richtig zu führen weiß,
der wandert über Land und
trifft weder auf Nashorn noch Tiger.
Er schreitet durch ein Heer und
braucht nicht Panzer noch Waffen.
Das Nashorn findet nichts,
worein es sein Horn bohren könnte.
Der Tiger findet nichts,
darein er seine Krallen schlagen könnte.
Die Waffe findet nichts,
das ihre Schneide verletzen könnte.
Und warum?
Weil nichts Sterbliches an ihm ist.

51.

Der Geist erzeugt,
das Leben nährt,
Substanz gestaltet,
Gegebenheiten vollenden.

Darum geben alle
Wesen dem Geist die Ehre
und wertschätzen das Leben.
Dazu bedarf es keiner Anordnung,
es geschieht auf natürliche Weise
ganz von selbst.

Der Geist erzeugt und
das Leben nährt, erhält, erzieht,
behütet, kultiviert, pflegt und schützt.
Erzeugen und nicht besitzen,
entfalten und nicht verlangen,
führen und nicht beherrschen,
das ist wahres Leben.

52.

Die Welt hat einen Ursprung:
die Mutter der Welt.
Wer diese Mutter entdeckt,
um seine Abstammung zu erkennen,
und wer seine Abstammung erkennt,
um sich der Mutter zuzuwenden,
kommt auch dann nicht in Gefahr,
wenn der Körper vergeht.

Wer sein Innerstes schließt
und das Tor geschlossen hält,
kommt bis zum Ende des Lebens
nicht in Schwierigkeiten.
Wer aber sein Innerstes öffnet
und sich in Äußerlichkeiten verstrickt,
dem wird bis zum Ende seines Lebens
nicht zu helfen sein.

Wer auch das Kleinste sieht, ist klar.
Wer Nachgiebigkeit wahrt, ist stark.
Wer sein inneres Licht nutzt,
um sich der Erkenntnis zuzuwenden,
den bringt kein Ego in Gefahr.
So kann Ewigkeit erfahren werden.

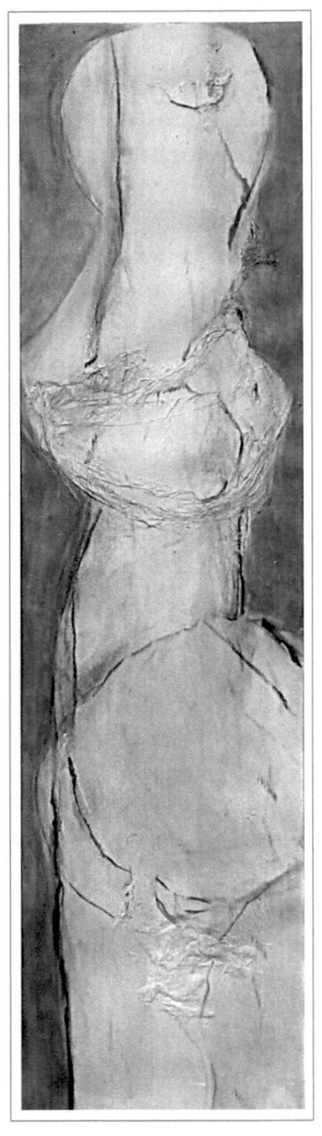

53.

Wenn man entschlossen ist,
den Weg des großen Geistes zu gehen,
so ist es vor allem Ausschweifung,
die zu vermeiden ist.

Wo große Straßen schön und eben sind,
die Menschen aber Abwege lieben,
wo Paläste glänzen und Felder kahl sind,
wo Scheunen völlig leer sind, die
Kleidung aber schmuck und prächtig ist,
wo man ein scharfes Schwert am Gürtel trägt,
beim Essen und Trinken mäkelt
und Güter im Überfluss hat,
da herrscht gänzlich geistlose
Räuberwirtschaft.

54.

Was gut gepflanzt ist, wird nicht ausgerissen.
Was gut festgehalten wird, wird nicht verschwinden.
Wer sein Gedächtnis Söhnen und Enkeln hinterlässt,
besteht auch weiterhin.

Wer seine Person gestaltet, dessen Leben wird wahr.
Wer seine Familie gestaltet, dessen Leben erfüllt sich.
Wer seine Gemeinde gestaltet, dessen Leben entwickelt sich.
Wer sein Land gestaltet, dessen Leben wird reich.
Wer die Welt gestaltet, dessen Leben wird weit.

Darum: Nach deiner Person beurteile die Person der anderen.
Nach deiner Familie beurteile die Familie der anderen.
Nach deiner Gemeinde beurteile die Gemeinde der anderen.
Nach deinem Land beurteile das Land der anderen.
Nach deiner Welt beurteile die Welt der anderen.

Wie kenne ich die Beschaffenheit der Welt?
Eben auf diese Weise.

(Aus diesem Kapitel spricht ein ganz anderer Geist als aus dem übrigen Werk. Es ist wohl von wenig verständiger Seite hinzugefügt worden. E.v.D.)

55.

Wer von Tugend erfüllt ist,
gleicht einem neugeborenen Kind.
Giftige Schlangen verletzen es nicht.
Reißende Tiere packen es nicht.
Raubvögel stoßen nicht danach.

Seine Knochen sind schwach, seine Sehnen weich,
und doch kann es fest zugreifen.
Es weiß noch nichts von Mann und Weib,
doch sein Geschlecht zeigt sich schon.
Es ist erfüllt von Lebenskraft
und schreit den ganzen Tag,
aber es wird nicht heiser,
weil es ganz im Einklang ist.

Den Einklang zu kennen, heißt ewig sein.
Die Ewigkeit zu kennen, heißt weise sein.
Zum Leben beizutragen, heißt Glück.

Seine Kraft für sein Begehren einzusetzen, wird stark genannt.
Ist man aber auf diese Weise stark geworden, erstarrt man,
denn es ist geistlos, und Geistlosigkeit steht nahe dem Ende.

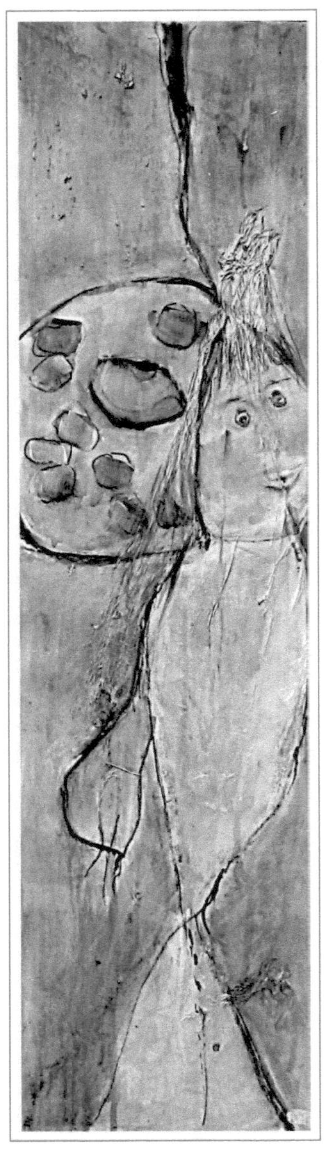

56.

Wer weiß, macht keine Worte.
Wer Worte macht, weiß nicht.

Man muss den Mund schließen,
sein Tor verschlossen halten,
seine Schärfe umhüllen,
seinen Glanz eindämmen
seine Wirrnis fallen lassen
und das Irdische demütig hinnehmen.
Dann kann sich mystische Einheit gestalten.

Den Mensch, dem dies gegeben ist, kann man
nicht beeinflussen durch Zuwendung
und nicht beeinflussen durch Abwendung.
Man kann ihn nicht beeinflussen durch Gewinn
und nicht beeinflussen durch Verlust.
Man kann ihn nicht beeinflussen durch Ehre
und nicht beeinflussen durch Demütigung.

Darum ist solch ein Mensch
der herrlichste auf Erden.

Staatsführung erfordert Regierungskunst,
Kriegsführung hinterlistige Fähigkeiten.
Um aber die Welt zu gewinnen,
ist größte Zurückhaltung erforderlich.

Aus der Praxis wissen wir, wie es sich verhält:
Je mehr einengende Vorschriften gelten,
desto eher gerät das Volk in Armut.
Je mächtigere Werkzeuge die Menschen haben,
desto eher geraten Haus und Staat in Gefahr.
Je schlauer und raffinierter die Leute sind,
desto mehr geschehen unheimliche Dinge.
Je umfassender Gesetze und Anordnungen sind,
desto mehr Diebe und Räuber gibt es.

Darum sagt der weise Mensch:
Wenn ich Nichteingreifen praktiziere,
wandelt sich das Volk von selbst.
Wenn ich die Stille liebe, findet sich
das Volk auf natürliche Weise zurecht.
Wenn ich nicht eingreife, gewinnt
das Volk natürlichen Reichtum.
Wenn ich nicht gierig bin, gewinnt
das Volk natürliche Schlichtheit.

58.

Wenn die Regierung ruhig und zurückhaltend ist,
ist das Volk aufrichtig und ehrlich.
Wenn die Regierung scharf und einengend ist,
ist das Volk gerissen und hinterhältig.
Wohlstand ist dann auf Unheil gebaut,
und es lauert Unheil im Wohlstand.

Wer versteht nur, dass es das Beste ist,
Vorschriften zurückhaltend zu erlassen?
Sonst verkehrt Ordnung sich in Absurdes,
Tugend verliert sich in Aberglauben,
und die Zeiten der Verblendung
dauern wahrlich lange.

Daher ist der weise Mensch
genau, aber nicht kleinlich,
er ist klar, ohne zu verletzen,
er ist deutlich ohne Willkür
und er ist erhellend,
ohne zu blenden.

59.

Bei der Führung von Menschen
und im Dienst des Himmels
ist nichts so wichtig wie Mäßigung.
Mäßigung ist zu Recht als wesentliches
Merkmal von Führungskräften anzusehen.
Bereits bei Aufnahme ihrer Tätigkeit müssen
sie über erhebliche Tugendkräfte verfügen.
Sind entsprechende Tugendkräfte vorhanden,
ist nichts unerreichbar, da dann keine
persönlichen Einschränkungen vorliegen.

Liegen persönliche Grenzen nicht vor, kann auch
ein ganz eigenes Reich Wirklichkeit werden.
Auf der Grundlage dieses Reiches ist
dann ein lange andauernder Erfolg möglich.
Es heißt ja, wenn der ewige Geist das Ziel ist,
ermöglichen tiefe Wurzeln und ein
fester Grund Unsterblichkeit.

60.

Ein großes Reich muss man vorsichtig regieren,
so wie man kleine Fische brät.

Im Einklang mit dem ewigen Geist
ist diese Welt wie etwas Unberechenbares
und nicht wie etwas Heiliges zu regieren.
Warum ist das so?

Heiliges fügt keinem Menschen Schaden zu.
Entsprechend lässt auch die weise Regierung
nicht zu, dass Menschen Schaden zugefügt wird.
Wenn Menschen sich nicht gegenseitig schaden,
vereinigen sich die guten Kräfte.

61.

Indem ein großes Reich sich unten hält,
wird es Einiger der Welt.
So ist es das Weibliche der Welt.
Das Weibliche siegt durch Stille über das Männliche,
durch Stille hält es sich unten.

Wenn das große Reich sich unter ein kleines stellt,
gewinnt es dadurch das kleine Reich, und
wenn das kleine Reich sich unter das große stellt,
wird es dadurch von dem großen Reich gewonnen.

So kann das eine dadurch,
dass es sich unten hält, gewinnen,
und das andere dadurch, dass es
sich unten hält, gewonnen werden.

Das große Reich will die Menschen einen und fördern.
Das kleine Reich will sich einfügen und beteiligen.
So erreicht jedes, was es will, aber das Große
muss sich weiter unten halten.

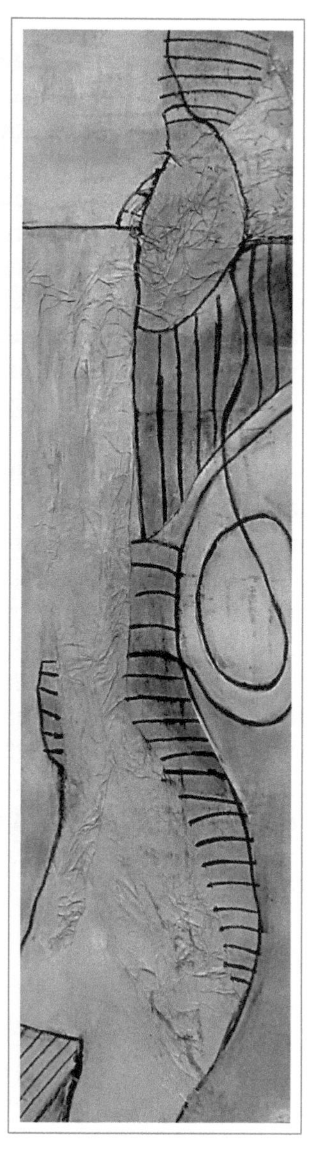

62.

Der ewige Geist ist aller Geschöpfe Heimat,
der guten Menschen Schatz,
der schlechten Menschen Zuflucht.

Mit schönen Worten kann man sich brüsten.
Mit ehrenhaftem Wandel kann man
sich vor anderen hervortun.
Aber warum sollte man gescheiterten
Menschen alle Chancen absprechen?
Dem entgegenzuwirken sind
Regierende und Räte doch eingesetzt.

Wenn man auch einen gewichtigen
Schatz aus Juwelen hätte, um ihn
im Vierspänner feierlich zu überbringen,
nichts kommt der Gabe gleich, diesen
Geist den Herrschenden zu vermitteln.

Warum war den Alten dieser Geist so wertvoll?
Ist es nicht deshalb, weil es von ihm heißt:
»Wer bittet, der empfängt,
wer Sünden hat, dem werden sie vergeben«?
Darum ist er das Kostbarste auf Erden.

63.

Wer das Nichts wirken lässt,
sich mit Nichteingreifen befasst,
und Geschmack findet an dem,
was nach Nichts schmeckt,
der sieht das Große im Kleinen,
das Viele im Wenigen,
und reagiert auf Streit mit Tugend.

Plane das Schwierige da, wo es noch leicht ist!
Beginne das Große da, wo es noch klein ist!
Das Schwere auf Erden beginnt stets als Leichtes.
Das Große auf Erden beginnt stets als Kleines.
Weil der weise Mensch nie nach Größe strebt,
kann er große Taten vollbringen.

Wer leicht verspricht,
hält selten Wort.
Wer vieles leicht nimmt,
stößt auf viele Schwierigkeiten.

Der weise Mensch sieht die Schwierigkeiten,
daher hat er keine Schwierigkeiten.

64.

Was gefestigt ist, lässt sich leicht erhalten.
Was noch nicht angefangen hat, lässt sich leicht planen.
Was empfindlich ist, lässt sich leicht zerstören.
Was durcheinander ist, lässt sich leicht zerstreuen.

Man muss wirken auf das, was noch nicht da ist.
Man muss ordnen, was noch nicht durcheinander ist.
Ein Baum von zwei Klafter Umfang
entsteht aus einem ganz feinen Sprössling.
Ein neun Geschosse hoher Turm
erwächst aus einem Häufchen Erde.
Eine tausend Meilen weite Reise
beginnt mit einem ersten Schritt.

Den natürlichen Fluss zu unterbrechen
ist verderblich, auf Eingriff folgt Verlust.
Daher greift der weise Mensch nicht ein,
so verdirbt er nichts, und er hält nichts fest,
so verliert er nichts.

Die Leute setzen ihre Pläne um,
und wenn sie fast fertig sind, ruinieren sie alles.
Sei am Ende ebenso achtsam wie am Anfang,
dann gibt es kein Misslingen.

Der weise Mensch erstrebt Wunschlosigkeit
und schätzt schwer zu erlangende Güter nicht.
Lerne Abstand zu nehmen und halte dich an das,
von dem die Masse abgekommen ist.
So kannst du zahlreichen Menschen helfen,
die innere Natur zu entdecken,
ohne einzugreifen.

Die in früheren Zeiten erfolgreich waren
im Verwirklichen des ewigen Geistes,
wollten den Menschen nichts aufzwingen,
sondern sie erleichterten ihnen die
Erkenntnis durch eigene Schlichtheit.

Wenn das Volk schwer zu regieren ist,
so kommt das durch zu viele Absichten.
Wer mit Raffinesse den Staat leiten will,
ist das Unglück des Staates.
Wer mit Schlichtheit den Staat leiten will,
ist der Segen des Staates.

Diese beiden Möglichkeiten zu
unterscheiden, ist Ausdruck wahrer Tugend.
Wahre Tugend ist grundlegend und weitreichend,
sie ermöglicht eine vollständige Umkehr und
schließlich das Erreichen natürlicher Harmonie.

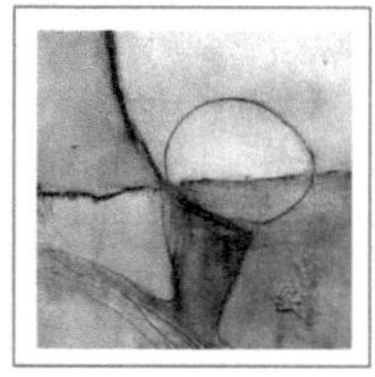

66.

Wie kann das Meer
König aller Gewässer sein?
Es kommt daher, dass das Meer unten liegt,
so kann es König aller Gewässer sein.

Entsprechend der weise Mensch:
Wenn er über den Leuten stehen will,
ist er im Verhalten bescheiden.
Wenn er den Leuten voraus sein will,
stellt er seine Person hintan.

Er weilt im Erhabenen, und die
Leute werden durch ihn nicht unterdrückt.
Er steht an erster Stelle, und die
Leute werden durch ihn nicht geschädigt.

Er ist in der Lage,
die ganze Welt voranzubringen
und wird dessen nicht überdrüssig.
Weil er nicht konkurriert,
kann niemand mit ihm streiten.

67.

Alle Welt sagt, mein
ewiger Geist sei zwar groß,
aber sozusagen unbrauchbar.
Ja, gerade weil er groß ist,
deshalb ist er unbrauchbar.
Wenn er brauchbar wäre,
wäre er längst klein geworden.

Ich habe drei Schätze,
die ich hüte und verehre.
Der eine heißt Liebe,
der zweite heißt Genügsamkeit,
der dritte heißt Bescheidenheit.

Mit Liebe kann man mutig sein,
mit Genügsamkeit kann man weitherzig sein,
mit Bescheidenheit kann man führend sein.
Wenn man ohne Liebe mutig sein will,
wenn man ohne Genügsamkeit weitherzig sein will,
wenn man ohne Bescheidenheit führen will,
ist es der Tod der Unternehmung.

Wenn man Liebe hat im Kampf, so siegt man.
Wenn man sie bei der Verteidigung hat,
ist man unüberwindlich.

Wen der Himmel bewahren will,
den schützt er durch Liebe.

68.

Wer gut zu herrschen weiß,
ist nicht gewalttätig.
Wer gut zu kämpfen weiß,
ist ohne Aufregung.
Wer gut Feinde zu besiegen weiß,
greift nicht an.
Wer gut Menschen zu führen weiß,
hält sich zurück.

Das ist die Tugend der Friedfertigkeit,
das Nutzen höherer Kräfte,
der höchste Einklang mit dem Himmel
im Sinne alter Überlieferung.

69.

Unter Soldaten gibt es einen Spruch:
Ich wage nicht, mich als Herr aufzuspielen,
sondern ich bin lieber der Gast,
statt einen Zoll vorzurücken,
weiche ich lieber einen Fuß zurück.

Das heißt vorankommen, ohne vorzustoßen,
fechten, ohne einen Arm zu bewegen,
abwehren, ohne sich zu wehren,
siegen ohne Waffengebrauch.

Es gibt kein größeres Unheil,
als den Feind zu unterschätzen.
Wenn ich den Feind unterschätze,
bin ich in Gefahr, alles Wertvolle zu verlieren.
Wenn gleichstarke Gegner aufeinanderstoßen,
siegt die sensiblere Seite.

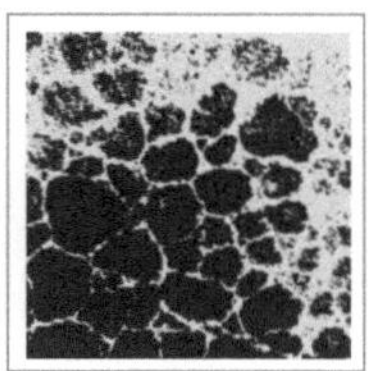

70.

Meine Worte sind leicht zu
verstehen und leicht zu befolgen,
aber kaum jemand auf Erden
versteht und befolgt sie.

Die Worte haben einen Grund,
die Hinweise haben eine Richtung.
Weil das aber nicht verstanden wird,
versteht man auch mich nicht.

Die wenigen, die mich verstehen,
sind voller Wertschätzung.
Der weise Mensch
geht in schlichtem Gewand,
darunter aber trägt er ein Juwel.

71.

Wissen, dass man nichts weiß,
ist das Größte.

Nicht zu wissen, was Wissen ist, erzeugt Leiden.

Nur wenn man solches Leiden auch versteht,
wird man frei von diesem Leiden.

Dass der weise Mensch nicht daran leidet,
kommt daher, dass er solches Leiden versteht.

So leidet er nicht.

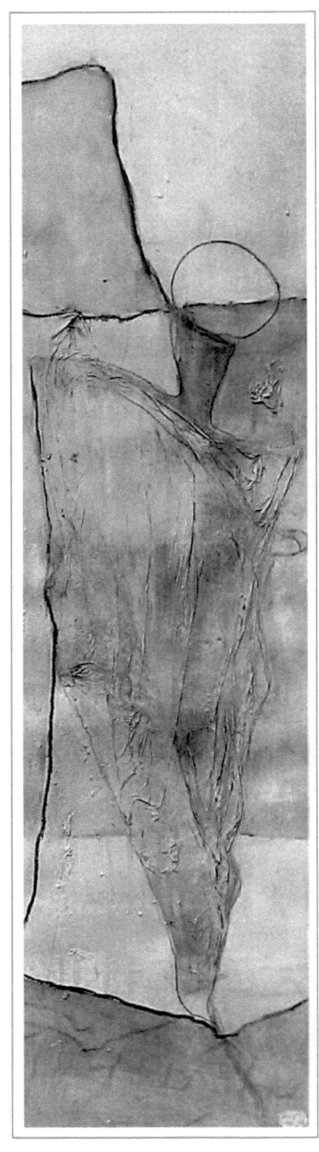

72.

Wenn die Menschen keinen Respekt mehr
vor der Regierung haben,
ergeben sich entsetzliche Zustände.
Darum lasst ihre Wohnungen nicht zu eng sein
und ihr Leben nicht unerträglich.
Wendet Euch nicht von ihnen ab,
dann wenden sie sich auch von Euch nicht ab.

Der weise Mensch ist selbstbewusst und nicht selbstgefällig.
Er liebt sich und ist nicht überheblich.
Er verzichtet auf das Ferne und hält sich an das Nahe.

73.

Tollkühner Mut kostet Menschenleben,
Mut ohne Tollkühnheit ist weniger gefährlich.
Beides aber kann manchmal von Nutzen
und manchmal schädlich sein.
Wer kann denn vorhersagen,
wann ein Unglück geschieht?
Daher achtet der weise Mensch
auf alle Gefahren.

Des Himmels Geist konkurriert nicht
und ist doch gut im Gewinnen.
Er diskutiert nicht
und findet doch gute Antwort.
Er befiehlt nicht,
und alles geschieht spontan.
Er lässt den Dingen ihren Lauf
und ist doch gut im Planen.

Des Himmels Netz ist weitmaschig,
und doch geht nichts verloren.

74.

Wenn Menschen den Tod nicht fürchten,
wie kann man sie mit dem Tod bedrohen?

Wenn ich ständig den Tod androhe
und jemand dennoch Schreckliches tut,
soll ich ihn dann ergreifen und töten?
Wer nimmt sich das heraus?
Es gibt immer eine höhere Todesmacht.
Anstelle dieser Todesmacht zu töten, das ist,
wie wenn man anstelle des Zimmermanns
die Axt führen wollte.

Wer anstelle des Zimmermanns die Axt führen will,
kommt kaum ohne Verletzung der eigenen Hand davon.

75.

Dass das Volk hungert, kommt daher,
dass seine Oberen zu viele Steuern fressen,
deshalb hungert es.

Dass das Volk nicht gehorsam ist, kommt daher,
dass seine Oberen zu viel abfordern,
deshalb ist es nicht gehorsam.

Dass das Volk den Tod zu leicht nimmt, kommt daher,
dass seine Oberen ein einzig gieriges Leben führen,
deshalb nimmt es den Tod zu leicht.

Wie kann denn das Leben geschätzt werden,
wenn die Lebensbedingungen unerträglich sind?

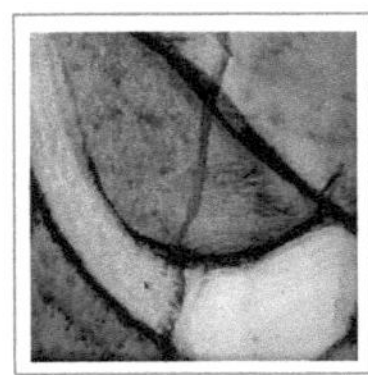

76.

Der Mensch ist weich und schwach,
wenn er ins Leben tritt,
im Tode ist er hart und starr.
Die Pflanzen sind weich und zart,
wenn sie ins Leben treten,
wenn sie sterben,
sind sie dürr und hart.
So ist das Harte und Starre
Begleiter des Todes,
das Weiche und Schwache
Begleiter des Lebens.

Ist eine Armee hart und starr, so geht sie unter.
Sind Bäume stark und hart, so werden sie gefällt.
Das Harte und Starke unterliegt,
das Weiche und Schwache obsiegt.

77.

Des Himmels Geist,
wie gleicht er dem Bogenspanner.
Das Hohe drückt er hinunter,
das Niedrige hebt er nach oben.
Was zu viel hat, vermindert er,
was zu wenig hat, ergänzt er.

Des Himmels Geist ist es,
Überfluss zu mindern und Mangel zu ergänzen.
Der Menschen Sinn ist nicht so.
Sie nehmen dem, das wenig hat,
um es dem hinzuzufügen, das Überfluss hat.

Wer aber ist imstande,
das, was er zuviel hat,
der Welt darzubringen?
Nur der, der Geist hat.

Und so der weise Mensch: Er wirkt und behält nicht.
Ist ein Werk vollbracht, so verharrt er nicht dabei.
Er wünscht nicht, seine Bedeutung anderen zu zeigen.

78.

Auf der ganzen Welt gibt es
nichts weicheres und schwächeres als Wasser,
und doch gibt es nichts,
das dem Harten und Starken mehr zusetzt.
Es gibt nichts, das ihm gleichkommt.

Dass Schwaches das Starke
und Weiches das Harte überwindet,
kann jeder auf Erden wissen,
aber niemand handelt entsprechend.

So haben die Weisen gesagt:
„Wer den Schmutz eines Reiches auf sich nimmt,
soll dort regieren.
Wer das Elend eines Reiches auf sich nimmt,
soll dort herrschen."
Wahrheit kann so paradox klingen.

79.

Wurde ein großer Konflikt beigelegt,
bleibt oft Unfrieden zurück.
Was ist zu tun?

Der weise Mensch hält sich an seine Verpflichtungen
und fordert nichts von den anderen.
Wer Tugend hat, hält sich an seine Pflichten,
wer keine Tugend hat, hält sich an
seine Forderungen.

Des Himmels Geist kennt kein Ansehen der Person,
er schenkt den Menschen stets das Gute.

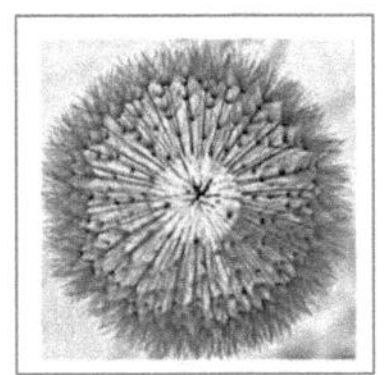

80.

Man stelle sich ein kleines Reich vor,
in dem nicht allzu viele Menschen leben.

Selbst für die besten umherziehenden
Wanderarbeiter gibt es hier nichts zu tun.
Die Menschen achten Leben und Tod
und meiden weite Reisen.
Boote und Wagen sind vorhanden,
werden aber kaum verwendet.
Es gibt Rüstung und Waffen,
doch sie werden nicht gebraucht.
Man nutzt wieder die Knotenschrift.
Die Speisen sind wohlschmeckend
und schön ist die Kleidung.
Die Wohnungen sind sicher
und fröhlich die Sitten.
Benachbarte Reiche liegen in Sichtweite,
man kann den Ruf der Hähne
und Hunde wechselseitig hören.

Die Menschen sterben in hohem Alter
und kommen nicht mehr zurück.

81.

Wahre Worte sind nicht gefällig,
gefällige Worte sind nicht wahr.
Fähige Menschen überreden nicht,
wer überreden will, ist nicht fähig.
Kluge Menschen sind keine Theoretiker,
Theoretiker sind nicht klug.

Weise Menschen
häufen keinen Besitz auf.
Je mehr sie für andere tun,
desto reicher sind sie.
Je mehr sie anderen geben,
desto mehr haben sie.

Des Himmels Weg ist es
zu nutzen, ohne je zu schaden.
Des weisen Menschen Weg ist es
zu wirken, ohne je zu konkurrieren.

Laotses Tao Te King
in einer Übertragung von Richard Wilhelm

(Erscheinungsjahr 1919, teilweise obsolet)

Das Buch vom Sinn und Leben

Vorwort:

Was wir von dem Verfasser der vorliegenden Aphorismensammlung historisch Beglaubigtes wissen, geht sehr eng zusammen. Es ist so wenig, daß die Kritik vielfach gar nichts mehr davon bemerkte und ihm samt seinem Werk im Gebiet der Mythenbildung den Platz anwies. Der Name Laotse, unter dem er in Europa bekannt ist, ist gar kein Eigenname, sondern ein Appellativum und wird am besten übersetzt mit "der Alte". Laotse stammt wohl aus der heutigen Provinz Honan, der südlichsten der sogenannten Nordprovinzen, und mag wohl ein halbes Jahrhundert älter gewesen sein als Kung (Konfuzius), so daß seine Geburt auf das Ende des 7. vorchristlichen Jahrhunderts fällt. Im Lauf der Zeit hatte er am kaiserlichen Hof, der damals in Loyang (in der heutigen Provinz Honan) war, ein Amt als Archivar bekleidet.

Als die öffentlichen Zustände sich so verschlimmerten, daß keine Aussicht auf die Herstellung der Ordnung mehr vorhanden war, soll Laotse sich zurückgezogen haben. Als er an den Grenzpass Han Gu gekommen sei, nach späterer Tradition auf einem schwarzen Ochsen reitend, habe ihn der Grenzbeamte Yin Hi gebeten, ihm etwas Schriftliches zu hinterlassen. Darauf habe er den Tao te king, bestehend aus mehr als 5000 chinesischen Zeichen, niedergeschrieben und ihm übergeben. Dann sei er nach Westen gegangen, kein Mensch weiß wohin. Daß auch an diese Erzählung sich die Sage geknüpft hat, die Laotse nach Indien führte und dort mit dem Buddha in Berührung kommen ließ, ist verständlich. Irgendeine persönliche Berührung zwischen Laotse und Buddha ist jedoch vollkommen ausgeschlossen. Man hat da spätere Umstände in das historische Bild zurückgetragen.

In der Han-Dynastie wenden sich mehrere Kaiser dem Studium des Tao te king zu, so besonders Han Wen Di (197-157 v. Chr.), dessen friedliche und einfache Regierungsart als direkte Frucht der Lehren des alten Weisen bezeichnet wird. Sein Sohn Han Ging Di (156-140 v. Chr.) legt endlich dem Buch die Bezeichnung "Tao te king" (Dau

De Ging, d.h. "das klassische Buch vom Sinn und Leben") bei, die es seither in China behalten hat.

Die ganze Metaphysik des Tao te king ist aufgebaut auf einer grundlegenden Intuition, die der streng begrifflichen Fixierung unzugänglich ist und die Laotse, um einen Namen zu haben, "notdürftig" mit dem Worte TAO (sprich: Dau) bezeichnet. In Beziehung auf die richtige Übersetzung dieses Wortes herrschte von Anfang an viel Meinungsverschiedenheit. "Gott","Weg","Vernunft", "Wort" sind nur ein paar der vorgeschlagenen Übersetzungen, während ein Teil der Übersetzer einfach das "Tao" unübertragen in die europäischen Sprachen herübernimmt. Im Grunde genommen kommt es auf den Ausdruck wenig an, da er ja auch für Laotse selbst nur sozusagen ein algebraisches Zeichen für etwas Unaussprechliches ist. Es sind im wesentlichen ästhetische Gründe, die es wünschenswert erscheinen lassen, in einer deutschen Übersetzung ein deutsches Wort zu haben. Es wurde von uns durchgängig das Wort Sinn gewählt. Um hier gleich die Übersetzung des immer wiederkehrenden Wortes TE (sprich: De) zu rechtfertigen, so sei bemerkt, daß die chinesische Definition desselben lautet: "Was die Wesen erhalten, um zu entstehen, heißt De". Wir haben das Wort daher mit Leben übersetzt.

Kein einziger historischer Name ist in Laotses ganzem Büchlein genannt. Er will gar nicht in der Zeitlichkeit wirken. Darum verschwimmt er für das historisch gerichtete China in nebelhafte Fernen, da ihm niemand zu folgen vermag. Und eben das ist der Grund, warum er in Europa so große Wirkungen ausübt trotz des räumlichen und zeitlichen Abstands, der ihn von uns trennt. Er hat für sich einen Blick getan in die großen Weltzusammenhänge und hat, was er geschaut, mühsam in Worte gebracht, es gleichgesinnten Geistern der späteren Zeit überlassend, selbständig seinen Andeutungen nachzugehen und im Weltzusammenhang selbst die Wahrheiten zu schauen, die er entdeckt.

Es hat zu allen Zeiten einzelne Denker gegeben, die unter den vergänglichen Erscheinungen des menschlichen Lebens den Blick erhoben zu dem ewigen Sinn des Weltgeschehens, dessen Größe alles Denken übersteigt, und die darin Ruhe gefunden haben und Leichtigkeit, die es ihnen ermöglichte, den sogenannten Ernst des Lebens nicht mehr so gar ernst zu nehmen, weil ihm kein wesentlicher Wert an und für sich innewohnt. Es ist ein Zeichen für die Höhe des Standpunkts von Laotse, daß er sich auf Andeutungen

des Unaussprechlichen beschränkt, deren Verfolg jedem einzelnen
überlassen bleiben mag.

Richard Wilhelm

1.

Der Sinn, der sich aussprechen lässt,
ist nicht der ewige Sinn.
Der Name, der sich nennen lässt,
ist nicht der ewige Name.
"Nichtsein" nenne ich den Anfang von Himmel und Erde.
"Sein" nenne ich die Mutter der Einzelwesen.
Darum führt die Richtung auf das Nichtsein
zum Schauen des wunderbaren Wesens,
die Richtung auf das Sein
zum Schauen der räumlichen Begrenztheiten.
Beides ist eins dem Ursprung nach
und nur verschieden durch den Namen.
In seiner Einheit heißt es das Geheimnis.
Des Geheimnisses noch tieferes Geheimnis
ist das Tor, durch das alle Wunder hervortreten.

2.

Wenn auf Erden alle das Schöne als schön erkennen,
so ist dadurch schon das Hässliche gesetzt.
Wenn auf Erden alle das Gute als gut erkennen,
so ist dadurch schon das Nichtgute gesetzt.
Denn Sein und Nichtsein erzeugen einander.
Schwer und Leicht vollenden einander.
Lang und Kurz gestalten einander.
Hoch und Tief verkehren einander.
Stimme und Ton sich vermählen einander.
Vorher und Nachher folgen einander.

Also auch der Berufene:
Er verweilt im Wirken ohne Handeln.
Er übt Belehrung ohne Reden.
Alle Wesen treten hervor,
und er verweigert sich ihnen nicht.
Er erzeugt und besitzt nicht.

Er wirkt und behält nicht.
Ist das Werk vollbracht,
so verharrt er nicht dabei.
Und eben weil er nicht verharrt,
bleibt er nicht verlassen.

3.

Die Tüchtigen nicht bevorzugen,
so macht man, daß das Volk nicht streitet.
Kostbarkeiten nicht schätzen,
so macht man, daß das Volk nicht stiehlt.
Nichts Begehrenswertes zeigen,
so macht man, daß des Volkes Herz nicht wirr wird.
Darum regiert der Berufene also:
Er leert ihre Herzen und füllt ihren Leib.
Er schwächt ihren Willen und stärkt ihre Knochen
und macht, daß das Volk ohne Wissen
und ohne Wünsche bleibt,
und sorgt dafür,
daß jene Wissenden nicht zu handeln wagen.
Er macht das Nichtmachen,
so kommt alles in Ordnung.

4.

Der Sinn ist immer strömend.
Aber er läuft in seinem Wirken doch nie über.
Ein Abgrund ist er, wie der Ahn aller Dinge.
Er mildert ihre Schärfe.
Er löst ihre Wirrsale.
Er mäßigt ihren Glanz.
Er vereinigt sich mit ihrem Staub.
Tief ist er und doch wie wirklich.
Ich weiß nicht, wessen Sohn er ist.
Er scheint früher zu sein als Gott.

5.

Himmel und Erde sind nicht gütig.
Ihnen sind die Menschen wie stroherne Opferhunde.
Der Berufene ist nicht gütig.
Ihm sind die Menschen wie stroherne Opferhunde.

Der Zwischenraum zwischen Himmel und Erde ist wie eine Flöte,
leer und fällt doch nicht zusammen;
bewegt kommt immer mehr daraus hervor.
Aber viele Worte erschöpfen sich daran.
Besser ist es, das Innere zu bewahren.

6.
Der Geist des Tals stirbt nicht,
das heißt das dunkle Weib.
Das Tor des dunklen Weibs,
das heißt die Wurzel von Himmel und Erde.
Ununterbrochen wie beharrend
wirkt es ohne Mühe.

7.
Der Himmel ist ewig und die Erde dauernd.
Sie sind dauernd und ewig,
weil sie nicht sich selber leben.
Deshalb können sie ewig leben.
Also auch der Berufene:
Er setzt sein Selbst hintan,
und sein Selbst kommt voran.
Er entäußert sich seines Selbst,
und sein Selbst bleibt erhalten.
Ist es nicht also:
Weil er nichts Eigenes will,
darum wird sein Eigenes vollendet?

8.
Höchste Güte ist wie das Wasser.
Des Wassers Güte ist es,
allen Wesen zu nützen ohne Streit.
Es weilt an Orten, die alle Menschen verachten.
Drum steht es nahe dem Sinn.
Beim Wohnen zeigt sich die Güte an dem Platze.
Beim Denken zeigt sich die Güte in der Tiefe.
Beim Schenken zeigt sich die Güte in der Liebe.
Beim Reden zeigt sich die Güte in der Wahrheit.
Beim Walten zeigt sich die Güte in der Ordnung.
Beim Wirken zeigt sich die Güte im Können.

Beim Bewegen zeigt sich die Güte in der rechten Zeit.
Wer sich nicht selbst behauptet,
bleibt eben dadurch frei von Tadel.

9.
Etwas festhalten wollen und dabei es überfüllen:
das lohnt der Mühe nicht.
Etwas handhaben wollen und dabei es immer scharf halten:
das lässt sich nicht lange bewahren.
Mit Gold und Edelsteinen gefüllten Saal
kann niemand beschützen.
Reich und vornehm und dazu hochmütig sein:
das zieht von selbst das Unglück herbei.
Ist das Werk vollbracht, dann sich zurückziehen:
das ist des Himmels Sinn.

10.
Kannst du deine Seele bilden, daß sie das Eine umfängt,
ohne sich zu zerstreuen?
Kannst du deine Kraft einheitlich machen
und die Weichheit erreichen,
daß du wie ein Kindlein wirst?
Kannst du dein geheimes Schauen so reinigen,
daß es frei von Flecken wird?
Kannst du die Menschen lieben und den Staat lenken,
daß du ohne Wissen bleibst?
Kannst du, wenn des Himmels Pforten
sich öffnen und schließen,
wie eine Henne sein?
Kannst du mit deiner inneren Klarheit und Reinheit
alles durchdringen, ohne des Handelns zu bedürfen?
Erzeugen und ernähren,
erzeugen und nicht besitzen,
wirken und nicht behalten,
mehren und nicht beherrschen:
das ist geheimes Leben.

11.
Dreißig Speichen umgeben eine Nabe:
In ihrem Nichts besteht des Wagens Werk.

Man höhlet Ton und bildet ihn zu Töpfen:
In ihrem Nichts besteht der Töpfe Werk.
Man gräbt Türen und Fenster, damit die Kammer werde:
In ihrem Nichts besteht der Kammer Werk.
Darum: Was ist, dient zum Besitz.
Was nicht ist, dient zum Werk.

12.

Die fünferlei Farben machen der Menschen Augen blind.
Die fünferlei Töne machen der Menschen Ohren taub.
Die fünferlei Würzen machen der Menschen Gaumen schal.
Rennen und jagen machen der Menschen Herzen toll.
Seltene Güter machen der Menschen Wandel wirr.
Darum wirkt der Berufene für den Leib und nicht fürs Auge.
Er entfernt das andere und nimmt dieses.

13.

Gnade ist beschämend wie ein Schreck.
Ehre ist ein großes Übel wie die Person.
Was heißt das: "Gnade ist beschämend wie ein Schreck"?
Gnade ist etwas Minderwertiges.
Man erlangt sie und ist wie erschrocken.
Man verliert sie und ist wie erschrocken.
Das heißt: "Gnade ist beschämend wie ein Schreck".
Was heißt das: "Ehre ist ein großes Übel wie die Person"?
Der Grund, warum ich große Übel erfahre, ist,
daß ich eine Person habe.
Habe ich keine Person,
was für Übel könnte ich dann erfahren?
Darum: Wer in seiner Person die Welt ehrt,
dem kann man wohl die Welt anvertrauen.
Wer in seiner Person die Welt liebt,
dem kann man wohl die Welt übergeben.

14.

Man schaut nach ihm und sieht es nicht:
Sein Name ist Keim.
Man horcht nach ihm und hört es nicht:
Sein Name ist Fein.
Man fasst nach ihm und fühlt es nicht:
Sein Name ist Klein.

Diese drei kann man nicht trennen,
darum bilden sie vermischt Eines.
Sein Oberes ist nicht licht,
sein Unteres ist nicht dunkel.
Ununterbrochen quellend,
kann man es nicht nennen.
Er kehrt wieder zurück zum Nichtwesen.
Das heißt die gestaltlose Gestalt,
das dinglose Bild.
Das heißt das dunkel Chaotische.

Ihm entgegengehend sieht man nicht sein Antlitz,
ihm folgend sieht man nicht seine Rückseite.
Wenn man festhält den Sinn des Altertums,
um zu beherrschen das Sein von heute,
so kann man den alten Anfang wissen.
Das heißt des Sinns durchgehender Faden.

15.
Die vor alters tüchtig waren als Meister,
waren im Verborgenen eins mit den unsichtbaren Kräften.
Tief waren sie, so daß man sie nicht kennen kann.
Weil man sie nicht kennen kann,
darum kann man nur mit Mühe ihr Äußeres beschreiben.
Zögernd, wie wer im Winter einen Fluss durchschreitet,
vorsichtig, wie wer von allen Seiten Nachbarn fürchtet,
zurückhaltend wie Gäste,
vergehend wie Eis, das am Schmelzen ist,
einfach, wie unbearbeiteter Stoff,
weit waren sie, wie das Tal,
undurchsichtig waren sie, wie das Trübe.
Wer kann (wie sie) das Trübe durch Stille allmählich klären?
Wer kann (wie sie) die Ruhe
durch Dauer allmählich erzeugen?
Wer diesen Sinn bewahrt,
begehrt nicht Fülle.
Denn nur weil er keine Fülle hat,
darum kann er gering sein,
das Neue meiden
und die Vollendung erreichen.

16.
Schaffe Leere bis zum Höchsten!
Wahre die Stille bis zum Völligsten!
Alle Dinge mögen sich dann zugleich erheben.
Ich schaue, wie sie sich wenden.
Die Dinge in all ihrer Menge,
ein jedes kehrt zurück zu seiner Wurzel.
Rückkehr zur Wurzel heißt Stille.
Stille heißt Wendung zum Schicksal.
Wendung zum Schicksal heißt Ewigkeit.
Erkenntnis der Ewigkeit heißt Klarheit.
Erkennt man das Ewige nicht,
so kommt man in Wirrnis und Sünde.
Erkennt man das Ewige,
so wird man duldsam.
Duldsamkeit führt zur Gerechtigkeit.
Gerechtigkeit führt zur Herrschaft.
Herrschaft führt zum Himmel.
Himmel führt zum Sinn.
Sinn führt zur Dauer.
Sein Leben lang kommt man nicht in Gefahr.

17.
Herrscht ein ganz Großer,
so weiß das Volk kaum, daß er da ist.
Mindere werden geliebt und gelobt,
noch Mindere werden gefürchtet,
noch Mindere werden verachtet.
Wie überlegt muss man sein in seinen Worten!
Die Werke sind vollbracht, die Geschäfte gehen ihren Lauf,
und die Leute denken alle:
"Wir sind frei."

18.
Geht der große Sinn zugrunde,
so gibt es Sittlichkeit und Pflicht.
Kommen Klugheit und Wissen auf,
so gibt es die großen Lügen.
Werden die Verwandten uneins,
so gibt es Kindespflicht und Liebe.

Geraten die Staaten in Verwirrung,
so gibt es die treuen Beamten.

19.
Tut ab die Heiligkeit, werft weg das Wissen,
so wird das Volk hundertfach gewinnen.
Tut ab die Sittlichkeit, werft weg die Pflicht,
so wird das Volk zurückkehren zu Kindespflicht und Liebe.
Tut ab die Geschicklichkeit, werft weg den Gewinn,
so wird es Diebe und Räuber nicht mehr geben.
In diesen drei Stücken ist der schöne Schein nicht ausreichend.
Darum sorgt, daß die Menschen sich an etwas halten können.
Zeigt Einfachheit, haltet fest die Lauterkeit!
Mindert Selbstsucht, verringert die Begierden!
Gebt auf die Gelehrsamkeit!
So werdet ihr frei von Sorgen.

20.
Zwischen "Gewiss" und "Jawohl":
was ist da für ein Unterschied?
Zwischen "Gut" und "Böse";
was ist da für ein Unterschied?
Was die Menschen ehren, muss man ehren.
O Einsamkeit, wie lange dauerst Du?
Alle Menschen sind so strahlend,
als ginge es zum großen Opfer,
als stiegen sie im Frühling auf die Türme.
Nur ich bin so zögernd, mir ward noch kein Zeichen,
wie ein Säugling, der noch nicht lachen kann,
unruhig, umgetrieben, als hätte ich keine Heimat.
Alle Menschen haben Überfluss;
nur ich bin wie vergessen.
Ich habe das Herz eines Toren, so wirr und dunkel.

Die Weltmenschen sind hell, ach so hell;
nur ich bin wie trübe.
Die Weltmenschen sind klug, ach so klug;
nur ich bin wie verschlossen in mir,
unruhig, ach, als wie das Meer,
wirbelnd, ach, ohn Unterlass.

Alle Menschen haben ihre Zwecke;
nur ich bin müßig wie ein Bettler.
Ich allein bin anders als die Menschen:
Doch ich halte es wert,
Nahrung zu suchen bei der Mutter.

21.
Des großen Lebens Inhalt
folgt ganz dem Sinn.
Der Sinn bewirkt die Dinge
so chaotisch, so dunkel.
Chaotisch, dunkel
sind in ihm Bilder.
Dunkel, chaotisch
sind in ihm Dinge.
Unergründlich finster
ist in ihm Same.

Dieser Same ist ganz wahr.
In ihm ist Zuverlässigkeit.
Von alters bis heute
sind die Namen nicht zu entbehren,
um zu überschauen alle Dinge.
Woher weiß ich aller Dinge Art?
Eben durch sie.

22.
Was halb ist, wird ganz werden.
Was krumm ist, wird gerade werden.
Was leer ist, wird voll werden.
Was alt ist, wird neu werden.
Wer wenig hat, wird bekommen.
Wer viel hat, wird benommen.
Also auch der Berufene:
Er umfasst das Eine
und ist der Welt Vorbild.
Er will nicht selber scheinen,
darum wird er erleuchtet.
Er will nichts selber sein,
darum wird er herrlich.

Er rühmt sich selber nicht,
darum vollbringt er Werke.
Er tut sich nicht selber hervor,
darum wird er erhoben.
Denn wer nicht streitet,
mit dem kann niemand auf der Welt streiten.
Was die Alten gesagt: "Was halb ist, soll voll werden",
ist fürwahr kein leeres Wort.
Alle wahre Vollkommenheit ist darunter befasst.

23.
Macht selten die Worte,
dann geht alles von selbst.
Ein Wirbelsturm dauert keinen Morgen lang.
Ein Platzregen dauert keinen Tag.
Und wer wirkt diese?
Himmel und Erde.
Was nun selbst Himmel und Erde nicht dauernd vermögen,
wieviel weniger kann das der Mensch?

Darum: Wenn du an dein Werk gehst mit dem Sinn,
so wirst du mit denen, so den Sinn haben, eins im Sinn,
mit denen, so das Leben haben, eins im Leben,
mit denen, so arm sind, eins in ihrer Armut.
Bist du eins mit ihnen im Sinn,
so kommen dir die, so den Sinn haben, auch freudig entgegen.
Bist du eins mit ihnen im Leben,
so kommen dir die, so das Leben haben, auch freudig entgegen.
Bist du eins mit ihnen in ihrer Armut,
so kommen dir die, so da arm sind, auch freudig entgegen.
Wo aber der Glaube nicht stark genug ist,
da findet man keinen Glauben.

24.
Wer auf den Zehen steht,
steht nicht fest.
Wer mit gespreizten Beinen geht,
kommt nicht voran.
Wer selber scheinen will,
wird nicht erleuchtet.

Wer selber etwas sein will,
wird nicht herrlich.
Wer selber sich rühmt,
vollbringt nicht Werke.
Wer selber sich hervortut,
wird nicht erhoben.
Er ist für den Sinn wie Küchenabfall und Eiterbeule.
Und auch die Geschöpfe alle hassen ihn.
Darum: Wer den Sinn hat,
weilt nicht dabei.

25.

Es gibt ein Ding, das ist unterschiedslos vollendet.
Bevor der Himmel und die Erde waren, ist es schon da,
so still, so einsam.
Allein steht es und ändert sich nicht.
Im Kreis läuft es und gefährdet sich nicht.
Man kann es nennen die Mutter der Welt.
Ich weiß nicht seinen Namen.
Ich bezeichne es als Sinn.

Mühsam einen Namen ihm gebend,
nenne ich es: groß.
Groß, das heißt immer bewegt.
Immer bewegt, das heißt ferne.
Ferne, das heißt zurückkehrend.
So ist der Sinn groß, der Himmel groß, die Erde groß,
und auch der Mensch ist groß.
Vier Große gibt es im Raume,
und der Mensch ist auch darunter.
Der Mensch richtet sich nach der Erde.
Die Erde richtet sich nach dem Himmel.
Der Himmel richtet sich nach dem Sinn.
Der Sinn richtet sich nach sich selber.

26.

Das Gewichtige ist des Leichten Wurzel.
Die Stille ist der Unruhe Herr.
Also auch der Berufene:
Er wandert den ganzen Tag,

ohne sich vom schweren Gepäck zu trennen.
Mag er auch alle Herrlichkeiten vor Augen haben:
Er weilt zufrieden in seiner Einsamkeit.
Wieviel weniger erst darf der Herr des Reiches
in seiner Person den Erdkreis leicht nehmen!
Durch Leichtnehmen verliert man die Wurzel.
Durch Unruhe verliert man die Herrschaft.

27.
Ein guter Wanderer lässt keine Spur zurück.
Ein guter Redner braucht nichts zu widerlegen.
Ein guter Rechner braucht keine Rechenstäbchen.
Ein guter Schließer braucht nicht Schloss noch Schlüssel,
und doch kann niemand auftun.
Ein guter Binder braucht nicht Strick noch Bänder,
und doch kann niemand lösen.

Der Berufene versteht es immer gut, die Menschen zu retten;
darum gibt es für ihn keine verworfenen Menschen.
Er versteht es immer gut, die Dinge zu retten;
darum gibt es für ihn keine verworfenen Dinge.
Das heißt die Klarheit erben.
So sind die guten Menschen die Lehrer der Nichtguten,
und die nichtguten Menschen sind der Stoff für die Guten.
Wer seine Lehrer nicht werthielte
und seinen Stoff nicht liebte,
der wäre bei allem Wissen in schwerem Irrtum.
Das ist das große Geheimnis.

28.
Wer seine Mannheit kennt
und seine Weibheit wahrt,
der ist die Schlucht der Welt.
Ist er die Schlucht der Welt,
so verlässt ihn nicht das ewige Leben,
und er wird wieder wie ein Kind.
Wer seine Reinheit kennt
und seine Schwäche wahrt,
ist Vorbild für die Welt.
Ist Vorbild er der Welt,

so weicht von ihm nicht das ewige Leben,
und er kehrt wieder zum Ungewordenen um.
Wer seine Ehre kennt
und seine Schmach bewahrt,
der ist das Tal der Welt.
Ist er das Tal der Welt,
so hat er Genüge am ewigen Leben,
und er kehrt zurück zur Einfalt.
Ist die Einfalt zerstreut, so gibt es "brauchbare" Menschen.
Übt der Berufene sie aus, so wird er der Herr der Beamten.
Darum: Großartige Gestaltung
bedarf nicht des Beschneidens.

29.
Die Welt erobern und behandeln wollen,
ich habe erlebt, daß das misslingt.
Die Welt ist ein geistiges Ding,
das man nicht behandeln darf.
Wer sie behandelt, verdirbt sie,
wer sie festhalten will, verliert sie.
Die Dinge gehen bald voran, bald folgen sie,
bald hauchen sie warm, bald blasen sie kalt,
bald sind sie stark, bald sind sie dünn,
bald schwimmen sie oben, bald stürzen sie
Darum meidet der Berufene
das Zusehr, das Zuviel, das Zugroß.

30.
Wer im rechten Sinn einem Menschenherrscher hilft,
vergewaltigt nicht durch Waffen die Welt,
denn die Handlungen kommen auf das eigene Haupt zurück.
Wo die Heere geweilt haben, wachsen Disteln und Dornen.
Hinter den Kämpfen her kommen immer Hungerjahre.
Darum sucht der Tüchtige nur Entscheidung, nichts weiter;
er wagt nicht, durch Gewalt zu erobern.
Entscheidung, ohne sich zu brüsten,
Entscheidung, ohne sich zu rühmen,
Entscheidung, ohne stolz zu sein,
Entscheidung, weil's nicht anders geht,
Entscheidung, ferne von Gewalt.

31.
Waffen sind unheilvolle Geräte,
alle Wesen hassen sie wohl.
Darum will der, der den rechten Sinn hat,
nichts von ihnen wissen.
Der Edle in seinem gewöhnlichen Leben
achtet die Linke als Ehrenplatz.
Beim Waffenhandwerk ist die Rechte der Ehrenplatz.
Die Waffen sind unheilvolle Geräte, nicht Geräte für den Edlen.
Nur wenn er nicht anders kann, gebraucht er sie,
Ruhe und Frieden sind ihm das Höchste.
Er siegt, aber er freut sich nicht daran.
Wer sich daran freuen wollte,
würde sich ja des Menschenmordes freuen.
Wer sich des Menschenmordes freuen wollte,
kann nicht sein Ziel erreichen in der Welt.
Bei Glücksfällen achtet man die Linke als Ehrenplatz.
Bei Unglücksfällen achtet man die Rechte .als Ehrenplatz.
Der Unterfeldherr steht zur Linken,
der Oberführer steht zur Rechten.
Das heißt, er nimmt seinen Platz ein
nach dem Brauch der Trauerfeiern.
Menschen töten in großer Zahl,
das soll man beklagen mit Tränen des Mitleids.
Wer im Kampfe gesiegt,
der soll wie bei einer Trauerfeier weilen.

32.
Der Sinn als Ewiger ist namenlose Einfalt.
Obwohl klein,
wagt die Welt ihn nicht zum Diener zu machen.
Wenn Fürsten und Könige ihn so wahren könnten,
so würden alle Dinge sich als Gäste einstellen.
Himmel und Erde würden sich vereinen,
um süßen Tau zu träufeln.
Das Volk würde ohne Befehle
von selbst ins Gleichgewicht kommen.

Wenn die Gestaltung beginnt,
dann erst gibt es Namen.

Die Namen erreichen auch das Sein,
und man weiß auch noch, wo haltzumachen ist.
Weiß man, wo haltzumachen ist,
so kommt man nicht in Gefahr.
Man kann das Verhältnis des Sinns zur Welt vergleichen
mit den Bergbächen und Talwassern,
die sich in Ströme und Meere ergießen.

33.
Wer andre kennt, ist klug.
Wer sich selber kennt, ist weise.
Wer andere besiegt, hat Kraft.
Wer sich selber besiegt, ist stark.
Wer sich durchsetzt, hat Willen.
Wer sich genügen lässt, ist reich.
Wer seinen Platz nicht verliert, hat Dauer.
Wer auch im Tode nicht untergeht, der lebt.

34.
Der große Sinn ist überströmend;
er kann zur Rechten sein und zur Linken.
Alle Dinge verdanken ihm ihr Dasein,
und er verweigert sich ihnen nicht.
Ist das Werk vollbracht,
so heißt er es nicht seinen Besitz.
Er kleidet und nährt alle Dinge
und spielt nicht ihren Herrn.
Sofern er ewig nicht begehrend ist,
kann man ihn als klein bezeichnen.
Sofern alle Dinge von ihm abhängen,
ohne ihn als Herrn zu kennen,
kann man ihn als groß bezeichnen.
Also auch der Berufene:
Niemals macht er sich groß;
darum bringt er sein Großes Werk zustande.

35.
Wer festhält das große Urbild,
zu dem kommt die Welt.
Sie kommt und wird nicht verletzt,

in Ruhe, Gleichheit und Seligkeit.
Musik und Köder:
Sie machen wohl den Wanderer auf seinem Wege anhalten.
Der Sinn geht aus dem Munde hervor,
milde und ohne Geschmack.
Du blickst nach ihm und siehst nichts Sonderliches.
Du horchst nach ihm und hörst nichts Sonderliches.
Du handelst nach ihm und findest kein Ende.

36.
Was du zusammendrücken willst,
das musst du erst richtig sich ausdehnen lassen.
Was du schwächen willst,
das musst du erst richtig stark werden lassen.
Was du vernichten willst,
das musst du erst richtig aufblühen lassen.
Wem du nehmen willst,
dem musst du erst richtig geben.

Das heißt Klarheit über das Unsichtbare.
Das Weiche siegt über das Harte.
Das Schwache siegt über das Starke.
Den Fisch darf man nicht der Tiefe entnehmen.
Des Reiches Förderungsmittel
darf man nicht den Leuten zeigen.

37.
Der Sinn ist ewig ohne Machen,
und nichts bleibt ungemacht.
Wenn Fürsten und Könige ihn zu wahren verstehen,
so werden alle Dinge sich von selber gestalten.
Gestalten sie sich und es erheben sich die Begierden,
so würde ich sie bannen durch namenlose Einfalt.
Namenlose Einfalt bewirkt Wunschlosigkeit.
Wunschlosigkeit macht still,
und die Welt wird von selber recht.

38.
Wer das Leben hochhält, weiß nichts vom Leben;
darum hat er Leben.

Wer das Leben nicht hochhält,
sucht das Leben nicht zu verlieren;
darum hat er kein Leben.
Wer das Leben hochhält,
handelt nicht und hat keine Absichten.
Wer das Leben nicht hochhält,
handelt und hat Absichten.
Wer die Liebe hochhält, handelt, aber hat keine Absichten.
Wer die Gerechtigkeit hochhält, handelt und hat Absichten.
Wer die Sitte hochhält, handelt,
und wenn ihm jemand nicht erwidert,
so fuchtelt er mit den Armen und holt ihn heran.
Darum: Ist der Sinn verloren, dann das Leben.
Ist das Leben verloren, dann die Liebe.
Ist die Liebe verloren, dann die Gerechtigkeit.
Ist die Gerechtigkeit verloren, dann die Sitte.
Die Sitte ist Treu und Glaubens Dürftigkeit
und der Verwirrung Anfang.
Vorherwissen ist des Sinnes Schein
und der Torheit Beginn.
Darum bleibt der rechte Mann beim Völligen
und nicht beim Dürftigen.
Er wohnt im Sein und nicht im Schein.
Er tut das andere ab und hält sich an dieses.

39.
Die einst das Eine erlangten:
Der Himmel erlangte das Eine und wurde rein.
Die Erde erlangte das Eine und wurde fest.
Die Götter erlangten das Eine und wurden mächtig.
Das Tal erlangte das Eine und erfüllte sich.
Alle Dinge erlangten das Eine und entstanden.
Könige und Fürsten erlangten das Eine
und wurden das Vorbild der Welt.
Das alles ist durch das Eine bewirkt.
Wäre der Himmel nicht rein dadurch, so müsste er bersten.
Wäre die Erde nicht fest dadurch, so müsste sie wanken.
Wären die Götter nicht mächtig dadurch, so müssten sie erstarren.
Wäre das Tal nicht erfüllt dadurch, so müsste es sich erschöpfen.
Wären alle Dinge nicht erstanden dadurch, so müssten sie erlöschen.

Wären die Könige und Fürsten nicht erhaben dadurch,
so müssten sie stürzen.
Darum: Das Edle hat das Geringe zur Wurzel.
Das Hohe hat das Niedrige zur Grundlage.
Also auch die Fürsten und Könige:
Sie nennen sich: "Einsam", "Verwaist", "Wenigkeit".
Dadurch bezeichnen sie das Geringe als ihre Wurzel.
Oder ist es nicht so?
Denn: Ohne die einzelnen Bestandteile eines Wagens gibt es keinen
Wagen.
Wünsche nicht das glänzende Gleißen des Juwels,
sondern die rohe Rauheit des Steins.

40.
Rückkehr ist die Bewegung des Sinns.
Schwachheit ist die Wirkung des Sinns.
Alle Dinge unter dem Himmel entstehen im Sein.
Das Sein entsteht im Nichtsein.

41.
Wenn ein Weiser höchster Art vom Sinn hört,
so ist er eifrig und tut danach.
Wenn ein Weiser mittlerer Art vom Sinn hört,
so glaubt er halb, halb zweifelt er.
Wenn ein Weiser niedriger Art vom Sinn hört,
so lacht er laut darüber.
Wenn er nicht laut lacht,
so war es noch nicht der eigentliche Sinn.

Darum hat ein Spruchdichter die Worte:
"Der klare Sinn erscheint dunkel.
Der Sinn des Fortschritts erscheint als Rückzug.
Das höchste Leben erscheint als Tal.
Der ebene Sinn erscheint rauh.
Die höchste Reinheit erscheint als Schmach.
Das weite Leben erscheint als ungenügend.
Das starke Leben erscheint verstohlen.
Das wahre Wesen erscheint veränderlich.
Das große Geviert hat keine Ecken.
Das große Gerät wird spät vollendet.

Der große Ton hat unhörbaren Laut.
Das große Bild hat keine Form."
Der Sinn in seiner Verborgenheit ist ohne Namen.
Und doch ist gerade der Sinn gut
im Spenden und Vollenden.

42.
Der Sinn erzeugt die Eins.
Die Eins erzeugt die Zwei.
Die Zwei erzeugt die Drei.
Die Drei erzeugt alle Dinge.
Alle Dinge haben im Rücken das Dunkle
und streben nach dem Licht,
und die strömende Kraft gibt ihnen Harmonie.
Was die Menschen hassen,
ist Verlassenheit, Einsamkeit, Wenigkeit.
Und doch wählen Fürsten und Könige
sie zu ihrer Selbstbezeichnung.
Denn die Dinge werden
entweder durch Verringerung vermehrt
oder durch Vermehrung verringert.
Was andre lehren, lehre ich auch:
"Die Starken sterben nicht eines natürlichen Todes".
Das will ich zum Ausgangspunkt meiner Lehre machen.

43.
Das Allerweichste auf Erden
überholt das Allerhärteste auf Erden.
Das Nichtseiende dringt auch noch ein in das,
was keinen Zwischenraum hat.
Daran erkennt man den Wert des
Nicht-Handelns.
Die Belehrung ohne Worte,
den Wert des Nicht-Handelns
erreichen nur wenige auf Erden.

44.
Der Name oder die Person:
was steht näher?
Die Person oder der Besitz:

was ist mehr?
Gewinnen oder verlieren:
was ist schlimmer?
Nun aber:
Wer sein Herz an andres hängt,
verbraucht notwendig Großes.
Wer viel sammelt,
verliert notwendig Wichtiges.
Wer sich genügen lässet,
kommt nicht in Schande.
Wer Einhalt zu tun weiß,
kommt nicht in Gefahr
und kann so ewig dauern.

45.

Große Vollendung muss wie unzulänglich erscheinen,
so wird sie unendlich in ihrer Wirkung.
Große Fülle muss wie strömend erscheinen,
so wird sie unerschöpflich in ihrer Wirkung.
Große Geradheit muss wie krumm erscheinen.
Große Begabung muss wie dumm erscheinen.
Große Beredsamkeit muss wie stumm erscheinen.
Bewegung überwindet die Kälte.
Stille überwindet die Hitze.
Reinheit und Stille sind der Welt Richtmaß.

46.

Wenn der Sinn herrscht auf Erden,
so tut man die Rennpferde ab zum Dungführen.
Wenn der Sinn abhanden ist auf Erden,
so werden Kriegsrosse gezüchtet auf dem Anger.
Es gibt keine größere Sünde als viele Wünsche.
Es gibt kein größeres Übel als kein Genüge kennen.
Es gibt keinen größeren Fehler als haben wollen.
Darum:
Das Genügen der Genügsamkeit ist dauerndes Genügen.

47.

Ohne aus der Tür zu gehen,
kennt man die Welt.

Ohne aus dem Fenster zu schauen,
sieht man den Sinn des Himmels.
Je weiter einer hinausgeht,
desto geringer wird sein Wissen.
Darum braucht der Berufene nicht zu gehen
und weiß doch alles.
Er braucht nicht zu sehen
und ist doch klar.
Er braucht nichts zu machen
und vollendet doch.

48.

Wer das Lernen übt, vermehrt täglich.
Wer den Sinn übt, vermindert täglich.
Er vermindert und vermindert,
bis er schließlich ankommt beim Nichtsmachen.
Beim Nichtsmachen bleibt nichts ungemacht.
Das Reich erlangen kann man nur,
wenn man immer frei bleibt von Geschäftigkeit.
Die Vielbeschäftigten sind nicht geschickt,
das Reich zu erlangen.

49.

Der Berufene hat kein eigenes Herz.
Er macht das Herz der Leute zu seinem Herzen.
Zu den Guten bin ich gut,
zu den Nichtguten bin ich auch gut;
denn das Leben ist die Güte.
Zu den Treuen bin ich treu,
zu den Untreuen bin ich auch treu;
denn das Leben ist die Treue.
Der Berufene lebt in der Welt ganz still
und macht sein Herz für die Welt weit.
Die Leute alle blicken und horchen nach ihm.
Und der Berufene nimmt sie alle an als seine Kinder.

50.

Ausgehen ist Leben, eingehen ist Tod.
Gesellen des Lebens gibt es drei unter zehn,
Gesellen des Todes gibt es drei unter zehn.

Menschen, die leben und dabei sich auf den Ort des Todes
zubewegen, gibt es auch drei unter zehn.

Was ist der Grund davon?
Weil sie ihres Lebens Steigerung erzeugen wollen.
Ich habe wohl gehört, wer gut das Leben zu führen weiß,
der wandert über Land und trifft nicht Nashorn noch Tiger.
Er schreitet durch ein Heer und meidet nicht Panzer und Waffen.
Das Nashorn findet nichts, worein es sein Horn bohren kann.
Der Tiger findet nichts, darein er seine Krallen schlagen kann.
Die Waffe findet nichts, das ihre Schärfe aufnehmen kann.

Warum das?
Weil er keine sterbliche Stelle hat.

51.
Der Sinn erzeugt.
Das Leben nährt.
Die Umgebung gestaltet.
Die Einflüsse vollenden.
Darum ehren alle Wesen den Sinn
und schätzen das Leben.

Der Sinn wird geehrt,
das Leben wird geschätzt
ohne äußere Ernennung, ganz von selbst.
Also: der Sinn erzeugt, das Leben nährt,
lässt wachsen, pflegt,
vollendet, hält,
bedeckt und schirmt.

52.
Die Welt hat einen Anfang,
das ist die Mutter der Welt.
Wer die Mutter findet,
um ihre Söhne zu kennen,
wer ihre Söhne kennt
und sich wieder zur Mutter wendet,
der kommt sein Leben lang nicht in Gefahr.
Wer seinen Mund schließt

und seine Pforten zumacht,
der kommt sein Leben lang nicht in Mühen.
Wer seinen Mund auftut
und seine Geschäfte in Ordnung bringen will,
dem ist sein Leben lang nicht zu helfen.

Das Kleinste sehen heißt klar sein.
Die Weisheit wahren heißt stark sein.
Wenn man sein Licht benützt,
um zu dieser Klarheit zurückzukehren,
so bringt man seine Person nicht in Gefahr.
Das heißt die Hülle der Ewigkeit.

53.
Wenn ich wirklich weiß, was es heißt,
im großen Sinn zu leben,
so ist es vor allem die Geschäftigkeit,
die ich fürchte.
Wo die großen Straßen schön und eben sind,
aber das Volk Seitenwege liebt;
wo die Hofgesetze streng sind,
aber die Felder voll Unkraut stehen;
wo die Scheunen ganz leer sind,
aber die Kleidung schmuck und prächtig ist;
wo jeder ein scharfes Schwert im Gürtel trägt;
wo man heikel ist im Essen und Trinken
und Güter im Überfluss sind:
da herrscht Verwirrung, nicht Regierung.

54.
Was gut gepflanzt ist, wird nicht ausgerissen.
Was gut festgehalten wird, wird nicht entgehen.
Wer sein Gedächtnis Söhnen und Enkeln hinterlässt,
hört nicht auf.
Wer seine Person gestaltet, dessen Leben wird wahr.
Wer seine Familie gestaltet, dessen Leben wird völlig.
Wer seine Gemeinde gestaltet, dessen Leben wird wachsen.
Wer sein Land gestaltet, dessen Leben wird reich.
Wer die Welt gestaltet, dessen Leben wird weit.
Darum: Nach deiner Person beurteile die Person des andern.

Nach deiner Familie beurteile die Familie der andern.
Nach deiner Gemeinde beurteile die Gemeinde der andern.
Nach deinem Land beurteile das Land der andern.
Nach deiner Welt beurteile die Welt der andern.
Wie weiß ich die Beschaffenheit der Welt?
Eben durch dies.

55.
Wer festhält des Lebens Völligkeit,
der gleicht einem neugeborenen Kindlein:
Giftige Schlangen stechen es nicht.
Reißende Tiere packen es nicht.
Raubvögel stoßen nicht nach ihm.
Seine Knochen sind schwach, seine Sehnen weich,
und doch kann es fest zugreifen.
Es weiß noch nichts von Mann und Weib, und doch
regt sich sein Blut, weil es des Samens Fülle hat.
Es kann den ganzen Tag schreien,
und doch wird seine Stimme nicht heiser,
weil es des Friedens Fülle hat.
Den Frieden erkennen heißt ewig sein.
Die Ewigkeit erkennen heißt klar sein.
Das Leben mehren nennt man Glück.
Für sein Begehren seine Kraft einsetzen nennt man stark.
Sind die Dinge stark geworden, altern sie.
Denn das ist Wider-Sinn.
Und Wider-Sinn ist nahe dem Ende.

56.
Der Wissende redet nicht.
Der Redende weiß nicht.
Man muss seinen Mund schließen
und seine Pforten zumachen,
seinen Scharfsinn abstumpfen,
seine wirren Gedanken auflösen,
sein Licht mäßigen,
sein Irdisches gemeinsam machen.

Das heißt verborgene Gemeinsamkeit (mit dem Sinn).
Wer die hat, den kann man nicht beeinflussen durch Liebe

und kann ihn nicht beeinflussen durch Kälte.
Man kann ihn nicht beeinflussen durch Gewinn
und kann ihn nicht beeinflussen durch Schaden.
Man kann ihn nicht beeinflussen durch Herrlichkeit
und kann ihn nicht beeinflussen durch Niedrigkeit.
Darum ist er der Herrlichste auf Erden.

57.
Zur Leitung des Staates braucht man Regierungskunst,
zum Waffenhandwerk braucht man
außerordentliche Begabung.
Um aber die Welt zu gewinnen,
muss man frei sein von Geschäftigkeit.

Woher weiß ich, daß es also mit der Welt steht?
Je mehr es Dinge in der Welt gibt, die man nicht tun darf,
desto mehr verarmt das Volk.
je mehr die Menschen scharfe Geräte haben,
desto mehr kommen Haus und Staat ins Verderben.
je mehr die Leute Kunst und Schlauheit pflegen,
desto mehr erheben sich böse Zeichen.
je mehr die Gesetze und Befehle prangen,
desto mehr gibt es Diebe und Räuber.

Darum spricht ein Berufener:
Wenn wir nichts machen,
so wandelt sich von selbst das Volk.
Wenn wir die Stille lieben,
so wird das Volk von selber recht.
Wenn wir nichts unternehmen,
so wird das Volk von selber reich.
Wenn wir keine Begierden haben,
so wird das Volk von selber einfältig.

58.
Wessen Regierung still und unaufdringlich ist,
dessen Volk ist aufrichtig und ehrlich.
Wessen Regierung scharfsinnig und stramm ist,
dessen Volk ist hinterlistig und unzuverlässig.
Das Unglück ist's, worauf das Glück beruht;

das Glück ist es, worauf das Unglück lauert.
Wer erkennt aber, daß es das Höchste ist,
wenn nicht geordnet wird?
Denn sonst verkehrt die Ordnung sich in Wunderlichkeiten,
und das Gute verkehrt sich in Aberglaube.
Und die Tage der Verblendung des Volkes
dauern wahrlich lange.

Also auch der Berufene:
Er ist Vorbild, ohne zu beschneiden,
er ist gewissenhaft, ohne zu verletzen,
er ist echt, ohne Willkürlichkeiten,
er ist licht, ohne zu blenden.

59.
Bei der Leitung der Menschen und beim Dienst des Himmels
gibt es nichts Besseres als Beschränkung.
Denn nur durch Beschränkung
kann man frühzeitig die Dinge behandeln.
Durch frühzeitiges Behandeln der Dinge
sammelt man doppelt die Kräfte des Lebens.
Durch diese verdoppelten Kräfte des Lebens
ist man jeder Lage gewachsen.
Ist man jeder Lage gewachsen,
so kennt niemand unsere Grenzen.
Wenn niemand unsere Grenzen kennt,
können wir die Welt besitzen.
Besitzt man die Mutter der Welt,
so gewinnt man ewige Dauer.
Das ist der Sinn der tiefen Wurzel,
des ewigen Daseins
des festen Grundes,
und des dauernden Schauens.

60.
Ein großes Land muss man leiten,
wie man kleine Fischlein brät.
Wenn man die Welt verwaltet nach dem Sinn,
dann gehen die Abgeschiedenen nicht als Geister um.
Nicht, daß die Abgeschiedenen keine Geister wären,

doch ihre Geister schaden den Menschen nicht.
Nicht nur die Geister schaden den Menschen nicht:
auch der Berufene schadet ihnen nicht.
Wenn nun diese beiden Mächte einander nicht verletzen,
so vereinigen sich ihre Lebenskräfte in ihrer Wirkung.

61.
Indem ein großes Reich sich stromabwärts hält,
wird es die Vereinigung der Welt.
Es ist das Weibliche der Welt.
Das Weibliche siegt immer
durch seine Stille über das Männliche.
Durch seine Stille hält es sich unten.
Wenn so das große Reich sich unter das kleine stellt,
so gewinnt es dadurch das kleine Reich.
Wenn das kleine Reich sich unter das große stellt,
so wird es dadurch von dem großen Reich gewonnen.
So wird das eine dadurch, daß es sich unten hält, gewinnen,
und das andere dadurch, daß es sich unten hält, gewonnen.
Das große Reich will nichts anderes,
als die Menschen vereinigen und nähren.
Das kleine Reich will nichts anderes
als sich beteiligen am Dienst der Menschen.
So erreicht jedes, was es will;
aber das große muss unten bleiben.

62.
Der Sinn ist aller Dinge Heimat,
der guten Menschen Schatz,
der nichtguten Menschen Schutz.
Mit schönen Worten kann man zu Markte gehen.
Mit ehrenhaftem Wandel
kann man sich vor andern hervortun.
Aber die Nichtguten unter den Menschen,
warum sollte man die wegwerfen?
Darum ist der Herrscher eingesetzt,
und die Fürsten haben ihr Amt.
Ob man auch Zepter von Juwelen hätte,
um sie im feierlichen Viererzug zu übersenden,
nicht kommt das der Gabe gleich,

wenn man diesen Sinn
auf seinen Knien dem Herrscher darbringt.
Warum hielten die Alten diesen Sinn so wert?
Ist es nicht deshalb, daß es von ihm heißt:
"Wer bittet, der empfängt;
wer Sünden hat, dem werden sie vergeben"?
Darum ist er das Köstlichste auf Erden.

63.
Wer das Nichthandeln übt,
sich mit Beschäftigungslosigkeit beschäftigt,
Geschmack findet an dem, was nicht schmeckt:
der sieht das Große im Kleinen und das Viele im Wenigen.
Er vergilt Groll durch Leben.
Plane das Schwierige da, wo es noch leicht ist!
Tue das Große da, wo es noch klein ist!
Alles Schwere auf Erden beginnt stets als Leichtes.
Alles Große auf Erden beginnt stets als Kleines.

Darum: Tut der Berufene nie etwas Großes,
so kann er seine großen Taten vollenden.
Wer leicht verspricht,
hält sicher selten Wort.
Wer vieles leicht nimmt,
hat sicher viele Schwierigkeiten.
Darum: Bedenkt der Berufene die Schwierigkeiten,
so hat er nie Schwierigkeiten.

64.
Was noch ruhig ist, lässt sich leicht ergreifen.
Was noch nicht hervortritt, lässt sich leicht bedenken.
Was noch zart ist, lässt sich leicht zerbrechen.
Was noch klein ist, lässt sich leicht zerstreuen.
Man muss wirken auf das, was noch nicht da ist.
Man muss ordnen, was noch nicht in Verwirrung ist.
Ein Baum von einem Klafter Umfang
entsteht aus einem haarfeinen Hälmchen.
Ein neun Stufen hoher Turm
entsteht aus einem Häufchen Erde.
Eine tausend Meilen weite Reise

beginnt vor deinen Füßen.
Wer handelt, verdirbt es.
Wer festhält, verliert es.

Also auch der Berufene:
Er handelt nicht, so verdirbt er nichts.
Er hält nicht fest, so verliert er nichts.
Die Leute gehen an ihre Sachen,
und immer wenn sie fast fertig sind,
so verderben sie es.
Das Ende ebenso in acht nehmen wie den Anfang,
dann gibt es keine verdorbenen Sachen.
Also auch der Berufene:
Er wünscht Wunschlosigkeit.
Er hält nicht wert schwer zu erlangende Güter.
Er lernt das Nichtlernen.
Er wendet sich zu dem zurück, an dem die Menge vorübergeht.
Dadurch fördert er den natürlichen Lauf der Dinge
und wagt nicht zu handeln.

65.
Die vor alters tüchtig waren
im Walten nach dem Sinn,
taten es nicht durch Aufklärung des Volkes,
sondern dadurch, daß sie das Volk töricht hielten.
Daß das Volk schwer zu leiten ist,
kommt daher, daß es zuviel weiß.
Darum: Wer durch Wissen den Staat leitet,
ist der Räuber des Staats.
Wer nicht durch Wissen den Staat leitet,
ist das Glück des Staats.
Wer diese beiden Dinge weiß, der hat ein Ideal.
Immer dies Ideal zu kennen, ist verborgenes Leben.
Verborgenes Leben ist tief, weitreichend,
anders als alle Dinge;
aber zuletzt bewirkt es das große Gelingen.

66.
Daß Ströme und Meere Könige aller Bäche sind,
kommt daher, daß sie sich gut unten halten können.

Darum sind sie die Könige aller Bäche.
Also auch der Berufene:
Wenn er über seinen Leuten stehen will,
so stellt er sich in seinem Reden unter sie.
Wenn er seinen Leuten voran sein will,
so stellt er sich in seiner Person hintan.
Also auch:
Er weilt in der Höhe,
und die Leute werden durch ihn nicht belastet.
Er weilt am ersten Platze,
und die Leute werden von ihm nicht verletzt.
Also auch:
Die ganze Welt ist willig, ihn voranzubringen,
und wird nicht unwillig.
Weil er nicht streitet,
kann niemand auf der Welt mit ihm streiten.

67.
Alle Welt sagt, mein Sinn sei zwar groß,
aber sozusagen unbrauchbar.
Gerade weil er groß ist,
deshalb ist er sozusagen unbrauchbar.
Wenn er brauchbar wäre,
so wäre er längst klein geworden.

Ich habe drei Schätze,
die ich schätze und wahre.
Der eine heißt: die Liebe;
der zweite heißt: die Genügsamkeit;
der dritte heißt: nicht wagen, in der Welt voranzustehen.
Durch Liebe kann man mutig sein,
durch Genügsamkeit kann man weitherzig sein.
Wenn man nicht wagt, in der Welt voranzustehen,
kann man das Haupt der fertigen Menschen sein.
Wenn man nun ohne Liebe mutig sein will,
wenn man ohne Genügsamkeit weitherzig sein will,
wenn man ohne zurückzustehen
vorankommen will:
das ist der Tod.
Wenn man Liebe hat im Kampf,

so siegt man.
Wenn man sie hat bei der Verteidigung,
so ist man unüberwindlich.
Wen der Himmel retten will,
den schützt er durch die Liebe.

68.
Wer gut zu führen weiß, ist nicht kriegerisch.
Wer gut zu kämpfen weiß, ist nicht zornig.
Wer gut die Feinde zu besiegen weiß,
kämpft nicht mit ihnen.
Wer gut die Menschen zu gebrauchen weiß,
der hält sich unten.
Das ist das Leben, das nicht streitet;
das ist die Kraft, die Menschen zu gebrauchen;
das ist der Pol, der bis zum Himmel reicht.

69.
Bei den Soldaten gibt es ein Wort:
Ich wage nicht, den Herrn zu machen,
sondern mache lieber den Gast.
Ich wage nicht, einen Zoll vorzurücken,
sondern ziehe mich lieber einen Fuß zurück.
Das heißt gehen ohne Beine,
fechten ohne Arme,
werfen, ohne anzugreifen,
halten, ohne die Waffen zu gebrauchen.

Es gibt kein größeres Unglück,
als den Feind zu unterschätzen.
Wenn ich den Feind unterschätze,
stehe ich in Gefahr, meine Schätze zu verlieren.
Wo zwei Armeen kämpfend aufeinanderstoßen,
da siegt der, der es schweren Herzens tut.

70.
Meine Worte sind sehr leicht zu verstehen,
sehr leicht auszuführen.
Aber niemand auf Erden kann sie verstehen,
kann sie ausführen.

Die Worte haben einen Ahn.
Die Taten haben einen Herrn,
Weil man die nicht versteht,
versteht man mich nicht.
Eben daß ich so selten verstanden werde,
darauf beruht mein Wert.
Darum geht der Berufene im härenen Gewand:
aber im Busen birgt er ein Juwel.

71.
Die Nichtwissenheit wissen ist das Höchste.
Nicht wissen, was Wissen ist, ist ein Leiden.
Nur wenn man unter diesem Leiden leidet,
wird man frei von Leiden.
Daß der Berufene nicht leidet, kommt daher,
daß er an diesem Leiden leidet;
darum leidet er nicht.

72.
Wenn die Leute das Schreckliche nicht fürchten,
dann kommt der große Schrecken.
Macht nicht eng ihre Wohnung
und nicht verdrießlich ihr Leben.
Denn nur dadurch, daß sie nicht in der Enge leben,
wird ihr Leben nicht verdrießlich.

Also auch der Berufene:
Er erkennt sich selbst, aber er will nicht scheinen.
Er liebt sich selbst, aber er sucht nicht Ehre für sich.
Er entfernt das andere und nimmt dieses.

73.
Wer Mut zeigt in Waghalsigkeiten,
der kommt um.
Wer Mut zeigt, ohne waghalsig zu sein,
der bleibt am Leben.
Von diesen beiden hat die eine Art Gewinn,
die andre Schaden.
Wer aber weiß den Grund davon,
daß der Himmel einen hasst?

Also auch der Berufene:
Er sieht die Schwierigkeiten.

Des Himmels Sinn streitet nicht
und ist doch gut im Siegen.
Er redet nicht
und findet doch gute Antwort.
Er winkt nicht,
und es kommt doch alles von selbst.
Er ist gelassen
und ist doch gut im Planen.
Des Himmels Netz ist ganz weitmaschig,
aber es verliert nichts.

74.
Wenn die Leute den Tod nicht scheuen,
wie will man sie denn mit dem Tode einschüchtern?
Wenn ich aber die Leute
beständig in Furcht vor dem Tode halte,
und wenn einer Wunderliches treibt,
soll ich ihn ergreifen und töten?
Wer traut sich das?
Es gibt immer eine Todesmacht, die tötet.
Anstelle dieser Todesmacht zu töten, das ist,
wie wenn man anstelle eines Zimmermanns
die Axt führen wollte.
Wer statt des Zimmermanns die Axt
führen wollte, kommt selten davon,
ohne daß er sich die Hand verletzt.

75.
Daß das Volk hungert,
kommt davon her,
daß seine Oberen zu viele Steuern fressen;
darum hungert es.
Daß das Volk schwer zu leiten ist,
kommt davon her,
daß seine Oberen zu viel machen;
darum ist es schwer zu leiten.
Daß das Volk den Tod zu leicht nimmt,

kommt davon her,
daß seine Oberen des Lebens Fülle zu reichlich suchen;
darum nimmt es den Tod zu leicht.
Wer aber nicht um des Lebens Willen handelt,
der ist besser als der, dem das Leben teuer ist.

76.
Der Mensch, wenn er ins Leben tritt,
ist weich und schwach,
und wenn er stirbt,
so ist er hart und stark.
Die Pflanzen, wenn sie ins Leben treten,
sind weich und zart,
und wenn sie sterben,
sind sie dürr und starr.

Darum sind die Harten und Starken
Gesellen des Todes,
die Weichen und Schwachen
Gesellen des Lebens.
Darum: Sind die Waffen stark, so siegen sie nicht.
Sind die Bäume stark, so werden sie gefällt.
Das Starke und Große ist unten.
Das Weiche und Schwache ist oben.

77.
Des Himmels Sinn, wie gleicht er dem Bogenspanner!
Das Hohe drückt er nieder, das Tiefe erhöht er.
Was zuviel hat, verringert er,
was nicht genug hat, ergänzt er.
Des Himmels Sinn ist es,
was zuviel hat, zu verringern,
was nicht genug hat, zu ergänzen.
Des Menschen Sinn ist nicht also.
Er verringert, was nicht genug hat,
um es darzubringen dem, das zuviel hat.

Wer aber ist imstande, das,
was er zuviel hat, der Welt darzubringen?
Nur der, so den Sinn hat.

Also auch der Berufene:
Er wirkt und behält nicht.
Ist das Werk vollbracht,
so verharrt er nicht dabei.
Er wünscht nicht, seine Bedeutung
vor andern zu zeigen.

78.
Auf der ganzen Welt
gibt es nichts Weicheres und
Schwächeres als das Wasser.
Und doch in der Art, wie es dem Harten zusetzt,
kommt nichts ihm gleich.
Es kann durch nichts verändert werden.
Daß Schwaches das Starke besiegt
und Weiches das Harte besiegt,
weiß jedermann auf Erden,
aber niemand vermag danach zu handeln.

Also auch hat ein Berufener gesagt:
"Wer den Schmutz des Reiches auf sich nimmt,
der ist der Herr bei Erdopfern.
Wer das Unglück des Reiches auf sich nimmt,
der ist der König der Welt."
Wahre Worte sind wie umgekehrt.

79.
Versöhnt man großen Groll,
und es bleibt noch Groll übrig,
wie wäre das gut?
Darum hält der Berufene sich an seine Pflicht
und verlangt nichts von anderen.
Darum: Wer Leben hat,
hält sich an seine Pflicht,
wer kein Leben hat,
hält sich an sein Recht.

80.
Ein Land mag klein sein
und seine Bewohner wenig.

Geräte, die der Menschen Kraft vervielfältigen,
lasse man nicht gebrauchen.
Man lasse das Volk den Tod wichtig nehmen
und nicht in die Ferne reisen.
Ob auch Schiffe und Wagen vorhanden wären,
sei niemand, der darin fahre.
Ob auch Panzer und Waffen da wären,
sei niemand, der sie entfalte.
Man lasse das Volk wieder Stricke knoten
und sie gebrauchen statt der Schrift.

Mach süß seine Speise
und schön seine Kleidung,
friedlich seine Wohnung
und fröhlich seine Sitten.
Nachbarländer mögen in Sehweite liegen,
daß man den Ruf der Hähne und Hunde
gegenseitig hören kann: und doch
sollen die Leute im höchsten Alter sterben,
ohne hin und her gereist zu sein.

81.
Wahre Worte sind nicht schön,
schöne Worte sind nicht wahr.
Tüchtigkeit überredet nicht,
Überredung ist nicht tüchtig.
Der Weise ist nicht gelehrt,
der Gelehrte ist nicht weise.

Der Berufene
häuft keinen Besitz auf.
je mehr er für andere tut,
desto mehr besitzt er.
je mehr er anderen gibt,
desto mehr hat er.

Des Himmels Sinn ist
fördern, ohne zu schaden.
Des Berufenen Sinn ist
wirken, ohne zu streiten.